工伤保险条例

注释本

法律出版社法规中心　编

法律出版社
LAW PRESS CHINA
·北　京·

图书在版编目(CIP)数据

工伤保险条例注释本 / 法律出版社法规中心编. --
4版. -- 北京 : 法律出版社, 2022
(法律单行本注释本系列)
ISBN 978-7-5197-6752-5

Ⅰ. ①工… Ⅱ. ①法… Ⅲ. ①工伤保险-条例-法律
解释-中国 Ⅳ. ①D922.555

中国版本图书馆CIP数据核字(2022)第081929号

工伤保险条例注释本
GONGSHANG BAOXIAN TIAOLI ZHUSHIBEN

法律出版社法规中心 编

责任编辑 翁潇潇
装帧设计 李 瞻

出版发行 法律出版社
编辑统筹 法规出版分社
责任校对 张红蕊
责任印制 耿润瑜
经　　销 新华书店

开本 850毫米×1168毫米 1/32
印张 4.75 **字数** 122千
版本 2022年6月第4版
印次 2022年6月第1次印刷
印刷 三河市兴达印务有限公司

地址:北京市丰台区莲花池西里7号(100073)
网址:www.lawpress.com.cn
投稿邮箱:info@lawpress.com.cn
举报盗版邮箱:jbwq@lawpress.com.cn
销售电话:010-83938349
客服电话:010-83938350
咨询电话:010-63939796

书号:ISBN 978-7-5197-6752-5 **定价**:16.00元
凡购买本社图书,如有印装错误,我社负责退换。电话:010-83938349

编辑出版说明

现代社会是法治社会，社会发展离不开法治护航，百姓福祉少不了法律保障。遇到问题依法解决，已经成为人们处理矛盾、解决纠纷的不二之选。然而，面对纷繁复杂的法律问题，如何精准、高效地找到法律依据，如何完整、准确地理解和运用法律，日益成为人们“学法、用法”的关键所在。

为了帮助读者快速准确地掌握“学法、用法”的本领，我社开创性地推出了“法律单行本注释本系列”丛书，至今已十余年。本丛书历经多次修订完善，现已出版近百个品种，涵盖了社会生活的重要领域，已经成为广大读者学习法律、应用法律之必选图书。

本丛书具有以下特点：

1. 出版机构权威。成立于1954年的法律出版社，是全国首家法律专业出版机构，始终秉承“为人民传播法律”的宗旨，完整记录了中国法治建设发展的全过程，享有“社会科学类全国一级出版社”等荣誉称号，入选“全国百佳图书出版单位”。

2. 编写人员专业。本丛书皆由相关法律领域内的专业人士编写，并引入匿名审稿评估制度，确保图书内容始终紧跟法治进程，反映最新立法动态，体现条文本义内涵。

3. 法律文本标准。作为专业的法律出版机构，多年来，我社始终使用全国人民代表大会常务委员会公报刊登的法律文本，积淀了丰富的标准法律文本资源，并根据立法进度及时更新相关内容。

4. 条文注释精准。本丛书以立法机关的解读为蓝本，对每个条文提炼出条文主旨，并对重点条文进行注释，使读者能精准掌握立法意图，轻松理解条文内容。

5. 配套附录实用。书末"附录"部分收录的均为重要的相关法律、法规和司法解释，使读者在使用中更为便捷，使全书更为实用。

需要说明的是，本丛书中的"条文主旨""条文注释"等内容皆是编者为方便读者阅读、理解而编写，不同于国家正式通过、颁布的法律文本，不具有法律效力。本丛书不足之处，恳请读者批评指正。

我们用心打磨本丛书，以期待为法律相关专业的学生释法解疑，致力于为每个公民的合法权益撑起法律的保护伞。

法律出版社法规中心

2022年5月

目　录

附　　录

《工伤保险条例》适用提要

《工伤保险条例》(以下简称条例)自2004年1月施行以来，对维护工伤职工合法权益，分散用人单位工伤赔付风险，规范和推进工伤保险工作，发挥了积极作用。

2010年10月28日，《社会保险法》①公布，该法专章规定了工伤保险制度，条例的有关规定需要与法律的规定相一致，因此，2010年12月20日，国务院修订了本条例。工伤保险的基本原则包括：一是强制性原则；二是职工个人不缴费原则；三是实行行业差别费率和企业浮动费率原则；四是工伤补偿与工伤预防、工伤康复相结合原则；五是一次性补偿和长期补偿相结合原则。

新条例从切实维护职工合法权益出发，突出强调了以下几个方面：

一、扩大了工伤保险适用范围

新条例规定，除现行规定的企业外，有雇工的个体工商户必须强制参加工伤保险，取消了原来授权各省自行决定个体工商户参加工伤保险的具体步骤和实施办法的规定；另外还规定事业单位、社会团体、民办非企业单位、基金会、律师事务所、会计师事务所等组织都应当依照规定参加工伤保险。这一规定扩大了工伤保险制

① 为方便阅读，本书中法律法规名称均使用简称。

度覆盖的职业群体，有利于更多职业人群享受工伤保险的保障。

考虑到现实生活中某些行业的特殊性，按照原来的规定参加工伤保险具有一定的难度，在吸取实践经验的基础上，新条例规定，“对难以按照工资总额缴纳工伤保险费的行业，其缴纳工伤保险费的具体方式，由国务院社会保险行政部门规定”，这在一定程度上也扩大了工伤保险的覆盖面。

二、调整扩大了工伤认定的范围

新条例规定，职工在上下班途中，受到非本人主要责任的交通事故或者城市轨道交通、客运轮渡、火车事故伤害的，应当认定为工伤。这是新条例的最大亮点，不仅体现在立法内容上，而且体现在立法形式上。

从立法内容来说，新条例将原来作出的上下班途中发生的机动车事故伤害都可以认定为工伤的规定，改为“在上下班途中，受到非本人主要责任的交通事故或者城市轨道交通、客运轮渡、火车事故伤害的”应当认定为工伤。这一变化主要体现了“一进一出，公平合理”的立法理念：(1)解决了工伤保险基金收支平衡的问题。一方面将原来的本人负主要责任的机动车事故排除在工伤认定范围之外，适当减轻工伤保险基金的负担；另一方面又将本人不承担主要责任的非机动车交通事故或者城市轨道交通事故、客运轮渡、火车事故纳入工伤认定范围。“一进一出”，有利于落实工伤保险基金的以支定收、收支平衡的原则。(2)这一修改符合社会发展的实际状况。随着交通工具种类日益增多，员工上下班途中的风险不仅限于机动车事故，也包括非机动车、轨道交通、客运轮渡、火车事故伤害等；因此，将后者所造成的意外伤害也纳入工伤认定的范围，体现了公平的原则。(3)明确了上下班途中的交通事故需满足“非本人主要责任”的条件，这是对1996年《企业职工工伤保险试行办法》(已失效)的有选择回归，也解决了历时已久的是否应当将“无证驾驶”等诸如此类的本人负主要责任的事故伤害认定为工伤的争论,更重要的是体现了鼓励遵守交通法规的道德价值取向。

另外,新条例修改后,工伤认定的排除范围缩小,将原来的“因犯罪或者违反治安管理伤亡的”修改为“故意犯罪的”,实际上等于是扩大了工伤认定的范围。职工有过失犯罪或违反治安管理处罚法的行为,但只要符合工伤认定的条件,也同样可以享有工伤保险权益。

三、简化工伤认定、鉴定等程序

新条例规定,对事实清楚、权利义务明确的工伤认定申请,应当在15日内作出工伤认定的决定;明确了再次鉴定和复查鉴定的时限;取消了工伤认定争议中的行政复议前置程序;规定了行政复议和行政诉讼期间不停止向认定工伤的职工支付治疗工伤的医疗费用。这样规定的意图是希望通过这些规定简化工伤处理的程序、缩短工伤职工的维权时间,这些规定对于参保职工来说具有一定的实际意义。

四、提高了工伤保险待遇

新条例将一次性工亡补助金的标准调整为上一年度全国城镇居民人均可支配收入的20倍;一次性伤残补助金也作了调整,分别按照部分丧失、大部分丧失与完全丧失劳动能力,相应增加1、2、3个月的伤残补助金。这也是新条例的重大亮点之一。这一调整,在一定程度上提高了工伤保险待遇,有利于保障工伤职工及其供养亲属的基本生活,切实帮助工伤职工解决实际问题。

五、增加基金支出项目提高保障安全

新条例明确了将工伤预防的宣传、培训等费用纳入工伤保险基金支付的规定,在制度建设上更加重视工伤预防,这是有积极意义的。另外,修改后的条例将原来由用人单位支付工伤职工的住院伙食补助费、到统筹地区意外就医交通食宿费以及终止或解除劳动关系时的一次性医疗补助金,都改由工伤保险基金支付。用人单位承担的工伤保险待遇的支付范围大幅缩小，限于停工留薪期待遇、停工留薪期护理费及终止或解除劳动关系时的一次性伤残就业补助金。另外，新条例还规定，用人单位参加工伤保险并补缴应当缴纳的工伤保险费、滞纳金后，由工伤保险基金按新的规定支付新发生的费用。

这些规定与修改前相比较，不仅扩大了工伤保险基金的支出项目，减轻了企业的工伤负担，也增强了职工获得工伤保险待遇的安全性。应该说，这也是新条例的重大亮点。

六、加大了行政处罚的强制力度

新条例增加了对不参加工伤保险和拒不协助工伤认定调查核实的用人单位的行政处罚的规定。对应当参加工伤保险而未参加的，由社会保险部门责令补缴应当缴纳的工伤保险费并按日加收滞纳金；逾期仍不缴纳的，处以欠缴数额 1 倍以上 3 倍以下的罚款。对用人单位拒不协助社会保险行政部门对事故进行调查核实的，可处 2000 元以上 2 万元以下的罚款。应该说，新条例对不参保的处罚力度在加大，有利于扩大参加工伤保险的职业群体，提高职工工伤权益的保障水平。

工伤保险条例

（2003年4月27日中华人民共和国国务院令第375号公布
根据2010年12月20日国务院令第586号
《关于修改〈工伤保险条例〉的决定》修订）

第一章　总　　则

第一条　【立法目的】[①]为了保障因工作遭受事故伤害或者患职业病的职工获得医疗救治和经济补偿，促进工伤预防和职业康复，分散用人单位的工伤风险，制定本条例。

条文注释[②]

本条是关于立法目的的规定。

（1）利用工伤保险基金救治工伤职工，保障其经济补偿权益。职工在遭受事故伤害或者患职业病以后，其第一位的权利主张是要得到及时、有效的抢救。为工伤职工提供医疗救治和经济补偿，是工伤保险制度的最初目的，目前仍然是工伤保险制度的核心。

（2）防工伤于未然，做好工伤预防与康复。在确定工伤保险费率时，通过行业差别费率，特别是实行单位的费率浮动，可以促使单位做好工伤事故的预防工作，以降低生产成本。对工伤职工的救济，

①② 条文主旨、条文注释为编者所加，下同。——编者注

也不应仅停留在医疗上，而是应当将更多的精力放在职业能力的康复上，使社会资源获得最大的效益。

(3)扩大工伤保险覆盖面，分散用人单位的工伤风险。工伤保险制度建立初期，很多单位在工伤事故发生以后，往往元气大伤，根本无法赔偿每一位工伤职工。为了分散各个雇主的风险，有必要由各个雇主提前凑钱形成一个互助式的基金，以增强每一个雇主的抗工伤事故风险的能力。现代的工伤保险制度，仍然具有分散雇主责任的功能，并且在分散风险方面的机制已经越来越先进，如通过实行行业差别费率制和单位的费率浮动制，进一步分散了行业与单位的风险。

第二条　【适用范围】中华人民共和国境内的企业、事业单位、社会团体、民办非企业单位、基金会、律师事务所、会计师事务所等组织和有雇工的个体工商户(以下称用人单位)应当依照本条例规定参加工伤保险，为本单位全部职工或者雇工(以下称职工)缴纳工伤保险费。

中华人民共和国境内的企业、事业单位、社会团体、民办非企业单位、基金会、律师事务所、会计师事务所等组织的职工和个体工商户的雇工，均有依照本条例的规定享受工伤保险待遇的权利。

条文注释

本条是关于工伤保险制度适用范围的规定。

1. 企业

企业参加工伤保险，有以下两种情况需要特别注意：(1)工伤保险制度在国家之间不能互免。目前，通过多边或者双边协定，一些国家可以对养老保险、失业保险等进行互免，但工伤保险不能互免，企业需要参加营业地所在国的工伤保险制度。来中国投资的外国企业需要参加中国的工伤保险制度，而到国外承包工程或者投资设厂的中国企业则需要参加当地的工伤保险制度。(2)在用人单位实行承包经营时，工伤保险责任应当由职工劳动关系所在单位承担。

2. 事业单位

为了规范事业单位的人事管理，保障工作人员的合法权益，2014年4月25日，国务院公布《事业单位人事管理条例》。该条例第35条规定，事业单位及其工作人员依法参加社会保险，工作人员依法享受社会保险待遇。

3. 社会团体

社会团体，是指在民政部门登记为社会团体，中国公民自愿组成，为了实现会员共同意愿，按照章程开展活动的非营利性社会组织。社会团体的名称类别主要有协会、学会、联合会、研究会、基金会、联谊会、促进会、商会等。

4. 民办非企业单位

民办非企业单位，是指在民政部门登记为民办非企业单位，由企业事业单位、社会团体和其他社会力量以及公民个人利用非国有资产举办的，从事非营利性社会服务活动的社会组织。目前，民办非企业单位主要分布在教育、科研、文化、卫生、体育、新闻出版、交通、信息咨询、知识产权、法律服务、社会福利事业、经济监督等领域。其中，民办教育事业主要是指民办幼儿园、小学、中学、学校、学院等；民办卫生事业主要是指民办门诊部(所)、医院，民办康复、保健、卫生、疗养院(所)等；民办文化事业主要是指民办图书馆、博物馆、艺术馆、书画院、演出团体等。条例明确规定将民办非企业单位及其工作人员纳入工伤保险的适用范围。

5. 基金会

基金会，是指利用自然人、法人或者其他组织捐赠的财产，以从事公益事业为目的的非营利性法人。基金会分为面向公众募捐的基金会和不得面向公众募捐的基金会。

6. 律师事务所

律师事务所主要分为合伙、个人以及国家出资设立的律师事务所三类。根据《律师法》的规定，设立律师事务所应当具备以下四个基本条件：(1)有自己的名称、住所和章程；(2)有符合《律师法》规定的律师；(3)设立人应当是具有一定的执业经历，且3年内未受过停止执业处罚的律师；(4)有符合国务院司法行政部门规定数额的资产。

7. 会计师事务所

会计师事务所是依法设立并承办会计师业务的机构。会计师事务所可以由注册会计师合伙设立，合伙设立的会计师事务所的债务，由合伙人按照出资比例或者协议的约定，以各自的财产承担责任。合伙人对会计师事务所的债务承担连带责任。

8. 个体工商户

个体工商户，是指雇用2~7名学徒或者帮工，在工商行政管理部门进行登记的自然人。个体工商户的工伤风险程度不同。为了保护个体工商户雇工的合法权益，体现社会保险的普遍性和公平性，本条规定，有雇工的个体工商户应当参加工伤保险，由雇主为其雇工缴纳工伤保险费。

需要特别说明的是，公务员和参照《公务员法》管理的事业单位、社会团体的工作人员，不适用本条例规定的工伤保险制度。根据条例附则的有关规定，公务员和参照《公务员法》管理的事业单位、社会团体的工作人员因工作遭受事故伤害或者患职业病的，由所在单位支付费用。

关联法规

《事业单位人事管理条例》

《社会团体登记管理条例》

《民办非企业单位登记管理暂行条例》

《基金会管理条例》

《个体工商户条例》

第三条　【工伤保险费的征缴】工伤保险费的征缴按照《社会保险费征缴暂行条例》关于基本养老保险费、基本医疗保险费、失业保险费的征缴规定执行。

条文注释

1999年1月，国务院公布施行的《社会保险费征缴暂行条例》对基本养老保险、基本医疗保险、失业保险三项社会保险费的征缴作了详细规定。同时规定:省、自治区、直辖市人民政府根据本地实际情况,决定《社会保险费征缴暂行条例》是否适用于工伤保险费和生育保险费的征收、缴纳。后来,为了扭转这种局面,国家建立了统一的工伤保险制度,明确规定各地按照《社会保险费征缴暂行条例》关于基本养老保险费、基本医疗保险费、失业保险费的征缴规定进行工伤保险费的征缴工作,不再由各地自由决定。这样,工伤保险费的征缴就需要完全按照《社会保险费征缴暂行条例》的规定程序,由法定的部门及时足额地进行征缴。

2010年10月28日,《社会保险法》公布,自2011年7月1日起施行。根据《立法法》的规定,征收工伤保险费时,应当首先依照《社会保险法》的有关规定执行;《社会保险费征缴暂行条例》与《社会保险法》的有关规定不一致的,依照《社会保险法》执行。

第四条 【用人单位的工伤保险责任】用人单位应当将参加工伤保险的有关情况在本单位内公示。

用人单位和职工应当遵守有关安全生产和职业病防治的法律法规,执行安全卫生规程和标准,预防工伤事故发生,避免和减少职业病危害。

职工发生工伤时,用人单位应当采取措施使工伤职工得到及时救治。

条文注释

用人单位在工伤保险制度中处于核心地位。根据本条例的规定,用人单位在工伤保险中主要承担以下责任:

(1)参加工伤保险,公示参保情况。按照本条例的规定,所有的企业和有雇工的个体工商户都必须参保。公示的形式,一般为每月在单位的主要场所张贴海报,或者是向每位员工发放小册子或者宣传材料;公示的内容,包括缴费对象即每一个劳动者的姓名、每个人的缴费数额和缴费时间等。

(2)保障安全生产,做好工伤预防。工伤预防的责任在单位,措施的落实需要单位真抓实干。本条例通过建立单位费率浮动的机制,特别是规定了工伤预防经费由工伤保险基金支出,促使用人单位认真搞好工伤预防工作。

(3)抢救工伤职工,加强责任追究。工伤救治是工伤保险的基本内容。由于工伤的发生现场大多是在用人单位,因此,用人单位承担及时救治的责任:对受伤较轻的职工,可以到本单位的内部医疗机构进行简单处理;对受伤较重的职工,则必须动用汽车甚至飞机等设备将伤者及时、稳妥地护送到附近的医疗机构进行抢救。

第五条 【管理机关和经办机构】国务院社会保险行政部门负责全国的工伤保险工作。

县级以上地方各级人民政府社会保险行政部门负责本行政区域内的工伤保险工作。

社会保险行政部门按照国务院有关规定设立的社会保险经办机构(以下称经办机构)具体承办工伤保险事务。

条文注释

本条是关于工伤保险主管部门和经办机构的规定。根据本条的规定,工伤保险的主管部门是社会保险行政部门。目前,国务院社会保险行政部门是人力资源和社会保障部,地方社会保险行政部门是地方各级人力资源和社会保障厅、局。社会保险行政部门负责所辖范围内包括工伤保险在内的各项社会保险工作。

社会保险经办机构在工伤保险工作中履行下列具体职责:

(1)依法征收工伤保险费。按照《社会保险费征缴暂行条例》的规定,社会保险费的征缴由省级人民政府确定;既可以确定由社会保险经办机构负责,也可以由税务机关代为征收。如果当地省级人民政府决定由社会保险经办机构负责征收,经办机构就负有征收工伤保险费的职责。(2)核查用人单位的工资总额和职工人数,办理工伤保险登记,负责保存单位缴费和职工享受工伤保险待遇情况的记录。(3)进行工伤保险的调查、统计,及时向社会保险行政部门反馈,以便掌握基金的收支平衡状况,适时调整单位的缴费费率。(4)按照规定管理工伤保险基金,包括基金的收支、管理与运营,使基金保值增值。(5)按照规定核定工伤保险待遇。工伤认定由社会保险行政部门作出,劳动能力鉴定由鉴定委员会作出,实行两级鉴定终局制。经办机构要在工伤认定以及劳动能力鉴定结论作出之日起的30日内,核定工伤职工的工伤保险待遇。(6)监督工伤医疗费用、康复费用、辅助器具费用使用情况。在平等协商的基础上,由经办机构与医疗机构、辅助器具配置机构签订服务协议,并按照协议对这些机构的服务质量、有关费用的使用情况进行监督。(7)为工伤职工或者其亲属提供免费咨询服务。经办机构在提供咨询服务时不得收取费用。

第六条 【工伤保险政策和标准征求意见】社会保险行政部门等部门制定工伤保险的政策、标准,应当征求工会组织、用人单位代表的意见。

条文注释

社会保险行政部门在制定以下政策时,应听取工会组织和用人单位代表的意见:

(1)行业差别费率及行业内费率档次的确定与调整;(2)部分地区的工伤保险基金的统筹层次;(3)部分行业异地参保的办法;(4)储备金的比例和使用办法;(5)认定为工伤的其他情形的特别规定;(6)劳动能力鉴定标准;(7)工伤保险诊疗项目目录、工伤保险药品目录、工伤保险住院服务标准;(8)辅助器具配置标准;(9)一次性工伤医疗补助金和伤残就业补助金标准;(10)因工死亡职工供养亲属的范围;(11)一次性工亡补助金的标准;(12)伤残津贴、供养亲属抚恤金、生活护理费的调整;(13)服务协议的管理办法;(14)国家机关、事业单位、社会团体、民办非企业单位工作人员的工伤办法;(15)部分单位的工伤一次性赔偿办法。

第二章 工伤保险基金

第七条 【工伤保险基金的构成】工伤保险基金由用人单位缴纳的工伤保险费、工伤保险基金的利息和依法纳入工伤保险基金的其他资金构成。

条文注释

工伤保险费是工伤保险基金的主要来源。因此,凡是纳入工伤保险范围的用人单位,都应当按照规定,及时足额缴纳工伤保险费,以保证基金的支付能力,切实保障工伤职工及时获得医疗救治和经济补偿。工伤保险基金按照规定存入银行或者购买国债,取得的利息并入工伤保险基金。其他资金,是指按规定征收的滞纳金、社会捐赠等资金。

关联法规

《社会保险法》第6、38、64~71条

第八条 【工伤保险费率的确定】工伤保险费根据以支定收、收支平衡的原则,确定费率。

国家根据不同行业的工伤风险程度确定行业的差别费率,并根据工伤保险费使用、工伤发生率等情况在每个行业内确定若干费率档次。行业差别费率及行业内费率档次由国务院社会保险行政部门制定,报国务院批准后公布施行。

统筹地区经办机构根据用人单位工伤保险费使用、工伤发生率等情况,适用所属行业内相应的费率档次确定单位缴费费率。

条文注释

本条是关于如何确定工伤保险费率的规定。

1. 工伤保险费率确定的原则

工伤保险实行以支定收、收支平衡的费率确定原则。“以支定收，收支平衡”，是指以一个周期内的工伤保险基金的支付额度为标准，确定征缴保险费的额度，使工伤保险基金在一个周期内的收与支保持平衡。工伤保险费费率的确定，应当保证各项工伤保险待遇及各项合法项目的支出，同时又不能使基金积累过多。

影响工伤保险费率确定的因素主要有两项：(1)工伤保险费的使用；(2)工伤发生率，即某个单位在一定的时期内，职工发生工伤事故或者患职业病的比例。

2. 行业差别费率和浮动费率

行业差别费率是根据不同的行业所面临的工作环境而可能发生伤亡事故的风险和职业的危险程度，分别确定不同比例的工伤保险基金缴费率。关于行业差别费率的确定，首先，由国务院社会保险行政部门对全国范围内的工伤保险基金收支情况进行调查摸底，掌握工伤保险基金的支出情况及一般规律，了解全国及各统筹地区的基金现状。其次，在摸清底数的情况下，根据以支定收、收支平衡的原则，按照不同行业的工伤风险程度确定不同行业的差别费率，也就是确定基准费率。最后，在确定基准费率的基础上，再根据不同行业各用人单位的工伤保险费使用、工伤发生率等情况在每个行业内确定若干费率档次。

工伤保险浮动费率，是指工伤保险经办机构在用人单位按行业基准费率缴纳工伤保险费的基础上，根据用人单位费率调整前工伤保险基金支缴率、工伤发生率、职业病危害程度等因素，确定其本期应当上浮或者下浮的工伤保险费率。

3. 单位缴费费率的确定

根据本条规定，单位的缴费费率由统筹地区的经办机构根据该单位的工伤保险费使用、工伤发生率等情况，适用所属行业内相应的费率档次确定。工伤发生多的单位缴纳的工伤保险费多，工伤发生少的单位则缴费少。经办机构根据国务院社会保险行政部门制定的计算标准及相关数据，计算用人单位的缴费费率。

第九条　【行业差别费率和档次的调整】国务院社会保险行政部门应当定期了解全国各统筹地区工伤保险基金收支情况，及时提出调整行业差别费率及行业内费率档次的方案，报国务院批准后公布施行。

条文注释

本条是关于调整行业差别费率及行业内费率档次的规定。行业差别费率不是一个固定费率。随着经济的发展、生产技术水平和管理水平的提高、生产设备的改进以及安全生产意识的增强，不同行业的工伤风险会发生变化，行业间的差别费率及行业内的费率档次也需要适时调整。国务院社会保险行政部门要定期了解全国各统筹地区工伤保险基金收支平衡情况，在广泛征求各方面意见的基础上，及时提出调整行业差别费率及行业费率档次的方案，报国务院批准后公布施行。

第十条　【工伤保险费的缴纳】用人单位应当按时缴纳工伤保险费。职工个人不缴纳工伤保险费。

用人单位缴纳工伤保险费的数额为本单位职工工资总额乘以单位缴费费率之积。

对难以按照工资总额缴纳工伤保险费的行业，其缴纳工伤保险费的具体方式，由国务院社会保险行政部门规定。

条文注释

本条是关于工伤保险费由谁缴纳以及如何缴纳的规定。

1. 工伤保险费的缴费主体

根据本条第1款的规定，工伤保险费由用人单位缴纳，职工个人不缴纳工伤保险费。即所有中华人民共和国境内的企业、非参公管理的事业单位和社会团体、民办非企业单位、律师事务所、会计师事务所、基金会、有雇工的个体工商户都应当按时缴纳工伤保险费。这里的“按时”，是指按照工伤保险费征收机构规定的缴费时间。实践中一般为按月缴纳,也有按季度或者按年度缴纳的。缴纳工伤保险费是用人单位的法定义务;用人单位不得采取任何手段,将工伤保险费分摊到职工个人。

2. 工伤保险费缴纳数额的确定

根据本条第2款的规定,用人单位缴纳工伤保险费的数额为该单位职工工资总额乘以单位缴费费率之积。

(1)"本单位职工工资总额",是指单位在一定时期内直接支付给该单位全部职工的劳动报酬总额,包括计时工资、计件工资、奖金、津贴和补贴、加班加点工资以及特殊情况下支付的工资。

(2)职工在两个或者两个以上用人单位同时就业的,各用人单位应当分别为职工缴纳工伤保险费。职工发生工伤,由职工受到伤害时其工作的单位依法承担工伤保险责任。

(3)本条规定的"费率",是指按照本条例第8条规定的行业差别费率以及行业内的费率档次所确定的每一个企业、每一个有雇工的个体工商户应当缴纳的实际费率。

3. 变通缴费方式

2010年12月31日,人力资源和社会保障部公布了《部分行业企业工伤保险费缴纳办法》。该办法规定,部分行业企业是指建筑、服务、矿山等行业中难以直接按照工资总额计算缴纳工伤保险费的建筑施工企业、小型服务企业、小型矿山企业等。该办法对这些行业企业如何计算缴纳工伤保险费作了具体规定:

(1)建筑施工企业可以实行以建筑施工项目为单位,按照项目工程总造价的一定比例,计算缴纳工伤保险费。

(2)商贸、餐饮、住宿、美容美发、洗浴以及文体娱乐等小型服务业企业以及有雇工的个体工商户,可以按照营业面积的大小核定应参保人数,按照所在统筹地区上一年度职工月平均工资的一定比例和相应的费率,计算缴纳工伤保险费;也可以按照营业额的一定比例计算缴纳工伤保险费。

(3)小型矿山企业可以按照总产量、吨矿工资含量和相应的费率计算缴纳工伤保险费。

第十一条 【工伤保险基金的统筹】工伤保险基金逐步实行省级统筹。

跨地区、生产流动性较大的行业，可以采取相对集中的方式异地参加统筹地区的工伤保险。具体办法由国务院社会保险行政部门会同有关行业的主管部门制定。

条文注释

本条是关于工伤保险基金统筹层次和特殊行业参加异地统筹的规定。

1. 现行工伤保险基金的统筹层次

本条第1款规定工伤保险基金逐步实行省级统筹，指明了工伤保险基金统筹的方向是实行省级统筹。工伤保险基金实行省级统筹的具体时间和步骤，由国务院根据实际情况在适当时候作出规定。

2. 特殊行业的异地统筹

铁路、远洋运输、石油、煤炭、建筑等行业，一般都跨地区，生产流动性较大。如果要求这些行业的用人单位在不同的地区分别参加工伤保险，会给这些单位带来不便，也不利于其工伤职工享受工伤保险待遇。对于这些行业，可以灵活处理，采取相对集中的方式异地参加统筹地区的工伤保险。同时，由于这些行业之间的差异较大，本条规定参加异地统筹的具体办法由国务院社会保险行政部门会同这些不同行业的主管部门分别制定。

第十二条 【工伤保险基金的管理和用途】工伤保险基金存入社会保障基金财政专户，用于本条例规定的工伤保险待遇，劳动能力鉴定，工伤预防的宣传、培训等费用，以及法律、法规规定的用于工伤保险的其他费用的支付。

工伤预防费用的提取比例、使用和管理的具体办法，由国务院社会保险行政部门会同国务院财政、卫生行政、安全生产监督管理等部门规定。

任何单位或者个人不得将工伤保险基金用于投资运营、兴建或者改建办公场所、发放奖金，或者挪作其他用途。

条文注释

本条是关于工伤保险基金的管理和用途的规定。工伤保险基金是国家为实施工伤保险制度，通过法定程序收缴工伤保险费建立的，专门用于支付工伤保险有关费用的资金。加强工伤保险基金的管理，并有效使用工伤保险基金，是落实工伤保险制度的基础。《社会保险法》第68条规定："社会保险基金存入财政专户，具体管理办法由国务院规定。"本条例根据这一规定，对如何管理和使用工伤保险基金作了详细规定。

工伤保险基金主要用于以下几方面费用的支出：

(1)工伤保险待遇。其主要包括医疗康复待遇、伤残待遇和死亡待遇，具体支出项目包括：工伤医疗费、生活护理补助费、伤残补助金、伤残津贴、辅助器具配置费、康复性治疗费、遗属抚恤金、丧葬补助金、一次性工亡补助等费用。

(2)劳动能力鉴定费。其是指劳动能力鉴定委员会支付给参加劳动能力鉴定的医疗卫生专家的费用。如果劳动能力鉴定是由劳动能力鉴定委员会委托具备资格的医疗机构协助进行，劳动能力鉴定费也包括支付给相关医疗机构的诊断费用。

(3)工伤预防费用。其主要用于工伤事故和职业病预防的宣传、教育与培训；安全生产奖励；对高危行业参保企业作业环境的检测和对从事职业危害作业的职工进行职业健康检查的补助；对用人单位工伤风险程度的评估，等等。工伤预防费用的提取比例、使用和管理的具体办法，由国务院社会保险行政部门会同国务院财政、卫生行政、安全生产监督管理等部门规定。

(4)工伤保险储备金。工伤保险基金应当留有一定比例的储备金，用于统筹地区重大事故的工伤保险待遇支付；储备金不足支付的，由统筹地区的人民政府垫付。储备金占基金总额的具体比例和使用办法，由各省、自治区、直辖市人民政府规定。

（5）法律、法规规定用于工伤保险的其他费用。本条规定法律、法规可以规定工伤保险基金用于支付工伤保险的其他费用。根据这一规定，其他规范性文件，包括地方政府规章和部门规章，都不得规定工伤保险基金用于支付其他费用。

关联法规

《社会保险法》第9章

第十三条　【工伤保险的储备金】工伤保险基金应当留有一定比例的储备金，用于统筹地区重大事故的工伤保险待遇支付；储备金不足支付的，由统筹地区的人民政府垫付。储备金占基金总额的具体比例和储备金的使用办法，由省、自治区、直辖市人民政府规定。

第三章　工伤认定

第十四条　【应当认定为工伤的情形】职工有下列情形之一的，应当认定为工伤：

（一）在工作时间和工作场所内，因工作原因受到事故伤害的；

（二）工作时间前后在工作场所内，从事与工作有关的预备性或者收尾性工作受到事故伤害的；

（三）在工作时间和工作场所内，因履行工作职责受到暴力等意外伤害的；

（四）患职业病的；

（五）因工外出期间，由于工作原因受到伤害或者发生事故下落不明的；

（六）在上下班途中，受到非本人主要责任的交通事故或者城市轨道交通、客运轮渡、火车事故伤害的；

（七）法律、行政法规规定应当认定为工伤的其他情形。

条文注释

本条列举了七种应当认定为工伤的情形：

1. 在工作时间和工作场所内，因工作原因受到事故伤害

“工作时间”，是指法律规定或者单位要求职工工作的时间。例如，对于“朝九晚五”上班的公司职工而言，其工作时间就是从上午9点至下午5点。实行不定时工作制的单位，职工的工作时间由单位确定。“工作场所”，是指职工日常工作所在的场所，以及单位领导临时指派其所从事工作的场所。“事故伤害”，是指职工在工作过程中发生的伤害人身安全和健康的事故，如矿井坍塌事故、施工电梯坠落事故等。

2. 工作时间前后在工作场所内，从事与工作有关的预备性或者收尾性工作受到事故伤害

“预备性工作”，是指在工作开始前的一段合理时间内，从事与工作有关的准备工作，如生产工人领取生产工具、准备原材料、检查设备运行情况等。“收尾性工作”，是指在工作结束后的一段合理时间内，从事与工作有关的收尾工作，如工人收拾工具、将产品送交库房、对设备进行保养等。从事工作是一个完整的过程，职工为开展工作进行相应的准备或者在工作结束后完成相应的收尾工作，都是构成工作过程的组成部分；在此期间受到事故伤害的，也应当认定为工伤。

3. 在工作时间和工作场所内，因履行工作职责受到暴力等意外伤害

“意外伤害”，是指外来的、突发的事故对人的身体和健康造成的伤害；这种伤害与生产活动没有必然联系，不是由于职工的不当操作造成的。意外伤害既包括职工因履行工作职责而受到他人暴

力攻击,如银行保安被抢劫银行的人打伤;也包括职工因单位设施不安全而造成的事故伤害,如厂房失火、车间倒塌。

4. 患职业病

职业病,是指企业、事业单位和个体经济组织的劳动者在职业活动中,因接触粉尘、放射性物质和其他有毒、有害物质等因素而引起的疾病。2013年12月23日,《职业病分类和目录》,将职业病分为:职业性尘肺病及其他呼吸系统疾病、职业性皮肤病、职业性眼病、职业性耳鼻喉口腔疾病、职业性化学中毒、物理因素所致职业病、职业性放射性疾病、职业性传染病、职业性肿瘤、其他职业病,共10类132种。

5. 因工外出期间,由于工作原因受到伤害或发生事故下落不明

"因工外出",是指职工由于工作需要被指派到本单位以外的场所或者外地工作,如因公出差。"由于工作原因受到伤害",是指由于工作原因直接或者间接造成的伤害,如暴力伤害。"事故"包括安全事故、交通事故、自然灾害等。在职工因工外出期间,其由于工作原因受到伤害或者发生故事下落不明的,申请人应当提供法院宣告失踪或者宣告死亡的裁判文书。

6. 在上下班途中,受到非本人主要责任的交通事故或者城市轨道交通、客运轮渡、火车事故伤害

"交通事故",是指《道路交通安全法》所称的在道路上发生的车辆交通事故,包括职工在上下班途中受到的机动车和非机动车交通事故伤害。交通事故或者城市轨道交通、客运轮渡、火车事故发生后,需由交通管理等有关部门作出"非本人主要责任"的认定。如果是职工因无证驾驶、酒后驾驶、闯红灯等严重交通违法行为造成自己伤害,则属于由本人负主要责任,不得认定为工伤。"上下班途中",既包括职工按正常工作时间上下班的途中,也包括职工加班的上下班途中。此外,对"上下班途中"的理解,还要限定于合理时间和合理路线。

7. 法律、行政法规规定应当认定为工伤的其他情形

为了防止随意扩大工伤范围,保证工伤认定的统一性,本条规

定，只有法律和行政法规可以规定应当认定为工伤的其他情形。地方性法规、规章以及其他规范性文件都无权规定应当认定为工伤的其他情形。

第十五条 【视同工伤的情形及相应工伤保险待遇】职工有下列情形之一的，视同工伤：

（一）在工作时间和工作岗位，突发疾病死亡或者在48小时之内经抢救无效死亡的；

（二）在抢险救灾等维护国家利益、公共利益活动中受到伤害的；

（三）职工原在军队服役，因战、因公负伤致残，已取得革命伤残军人证，到用人单位后旧伤复发的。

职工有前款第（一）项、第（二）项情形的，按照本条例的有关规定享受工伤保险待遇；职工有前款第（三）项情形的，按照本条例的有关规定享受除一次性伤残补助金以外的工伤保险待遇。

条文注释

依据本条规定，视同工伤的情形包括：

（1）职工在工作时间和工作岗位突发疾病当场死亡的，以及职工在工作时间和工作岗位突发疾病后没有当场死亡，但在48小时之内经抢救无效死亡的，应当视同工伤。职工虽然是在工作时间和工作岗位突发疾病，但经过48小时抢救之后才死亡的，不属于视同工伤的情形。

（2）在维护国家利益、公共利益活动中受到伤害的。"维护国家利益"，是指为了减少或者避免国家利益遭受损失，职工挺身而出；"维护公共利益"，是指为了减少或者避免公共利益遭受损失，职工挺身而出。在这种情形下，没有工作时间、工作地点、工作原因等要求。

（3）职工原在军队服役，因战、因公负伤致残，已取得革命伤残军人证，到用人单位后旧伤复发的。职工原在军队因公负伤致残，到用人单位后旧伤复发，本来不宜认定为工伤；但在这种情况下，职工是为了国家的利益而受到伤害的，其后果不应由职工个人而应由国家来承担。为了保护这部分人的合法权益，本条将其规定为视同工伤的情形。

按照本条的规定，职工突发疾病死亡和在抢险救灾等活动中受伤的，享受本条例规定的全部工伤保险待遇，主要包括医疗康复待遇、伤残待遇和死亡待遇。伤残军人旧伤复发的，享受除一次性伤残补助金以外的工伤保险待遇。

第十六条　【不属于工伤的情形】职工符合本条例第十四条、第十五条的规定，但是有下列情形之一的，不得认定为工伤或者视同工伤：

（一）故意犯罪的；

（二）醉酒或者吸毒的；

（三）自残或者自杀的。

条文注释

职工因下列情形之一导致本人在工作中伤亡的，不得认定为工伤或者视同工伤：

1. 故意犯罪

我国《刑法》规定，明知自己的行为会发生危害社会的结果，并且希望或者放任这种结果发生，因而构成犯罪的，是故意犯罪。根据本条的规定，职工只有在故意犯罪中造成自己伤亡的才不得认定为工伤；职工过失犯罪的，仍可认定为工伤。例如，某煤矿的矿工在采矿过程中因违反安全规章制度造成重大责任事故，构成重大责任事故罪，如果该矿工在事故中也受到伤害，由于其犯罪行为属于过失犯罪，因而仍可以被认定为工伤。需要注意的是，职工犯罪不能由工伤认定机关来决定，而应当根据人民法院的判决书来认定。

2. 醉酒

“醉酒”，是指职工饮用含有酒精的饮料达到醉酒的状态，在酒精作用期间从事工作受到事故伤害。例如，职工在醉酒的情况下操作机器导致生产事故，职工在工作时因醉酒导致行为失控而对自己造成的伤害，不得认定为工伤。确定职工是否属于醉酒，应当依据其体内酒精含量的检测结果作出认定。

3. 吸毒

根据《禁毒法》的规定，毒品，是指鸦片、海洛因、甲基苯丙胺（冰毒）、吗啡、大麻、可卡因，以及国家规定管制的其他能够使人形成瘾癖的麻醉药品和精神药品。吸毒的危害极大；毒品进入人体后麻醉人的神经系统，使人的控制力降低。职工在工作的过程中因吸毒导致行为失控而使自己受到伤害的，不得认定为工伤。

4. 自残与自杀

“自残”，是指通过各种手段和方法伤害自己的身体，并造成身体伤残的行为。“自杀”，是指通过各种手段和方法结束自己生命的行为。自残或者自杀与工作没有必然联系，将其认定为工伤，不符合设立工伤保险制度的目的。

第十七条 【工伤认定申请】职工发生事故伤害或者按照职业病防治法规定被诊断、鉴定为职业病，所在单位应当自事故伤害发生之日或者被诊断、鉴定为职业病之日起30日内，向统筹地区社会保险行政部门提出工伤认定申请。遇有特殊情况，经报社会保险行政部门同意，申请时限可以适当延长。

用人单位未按前款规定提出工伤认定申请的，工伤职工或者其近亲属、工会组织在事故伤害发生之日或者被诊断、鉴定为职业病之日起1年内，可以直接向用人单位所在地统筹地区社会保险行政部门提出工伤认定申请。

按照本条第一款规定应当由省级社会保险行政部门进行工伤认定的事项，根据属地原则由用人单位所在地的设区的市级社会保险行政部门办理。

用人单位未在本条第一款规定的时限内提交工伤认定申请，在此期间发生符合本条例规定的工伤待遇等有关费用由该用人单位负担。

条文注释

工伤认定申请的主体有两类：(1)职工所在用人单位；(2)工伤职工或者其近亲属以及工伤职工所在用人单位的工会组织。

申请工伤认定的时限分为两类：(1)对用人单位而言，申请时限一般为在事故伤害发生之日或者被确诊为职业病之日起30日内；有特殊情况的，经社会保险行政部门批准，可以适当延长。(2)对个人而言，工伤认定的申请时限为事故伤害发生之日或者被确诊为职业病之日起1年内。本条第4款还规定，对用人单位逾期未提出认定申请的，在此期间发生的工伤待遇等有关费用由该用人单位负担。

第十八条　【工伤认定申请材料】提出工伤认定申请应当提交下列材料：

（一）工伤认定申请表；

（二）与用人单位存在劳动关系（包括事实劳动关系）的证明材料；

（三）医疗诊断证明或者职业病诊断证明书（或者职业病诊断鉴定书）。

工伤认定申请表应当包括事故发生的时间、地点、原因以及职工伤害程度等基本情况。

工伤认定申请人提供材料不完整的，社会保险行政部门应当一次性书面告知工伤认定申请人需要补正的全部材料。申请人按照书面告知要求补正材料后，社会保险行政部门应当受理。

第十九条 【工伤事故调查与举证】社会保险行政部门受理工伤认定申请后，根据审核需要可以对事故伤害进行调查核实，用人单位、职工、工会组织、医疗机构以及有关部门应当予以协助。职业病诊断和诊断争议的鉴定，依照职业病防治法的有关规定执行。对依法取得职业病诊断证明书或者职业病诊断鉴定书的，社会保险行政部门不再进行调查核实。

职工或者其近亲属认为是工伤，用人单位不认为是工伤的，由用人单位承担举证责任。

条文注释

工伤认定一般是进行书面审理，不进行实地核查。但有些工伤事故的确定比较复杂，从工伤认定申请人提供的材料中无法得出准确的结论。这时就需要对申请所涉及的单位和个人直接进行调查核实；被调查的用人单位、工会组织、医疗机构、职工等有关人员等应当协助社会保险行政部门的调查，如实反映情况，并提供相应的证据。

在工伤认定中，不可避免地会存在单位与职工之间的争议：当职工认为是工伤时，单位可能不认为是工伤；职工认为是重伤的，单位有可能认为只是轻伤，等等。在这些情况下，职工处于相对弱势的地位，因此并不像一般诉讼那样实行“谁主张，谁举证”的原则，而是由用人单位承担举证责任。

第二十条 【工伤认定的时限与回避】社会保险行政部门应当自受理工伤认定申请之日起 60 日内作出工伤认定的决定，并书面通知申请工伤认定的职工或者其近亲属和该职工所在单位。

社会保险行政部门对受理的事实清楚、权利义务明确的工伤认定申请，应当在 15 日内作出工伤认定的决定。

作出工伤认定决定需要以司法机关或者有关行政主管部门的结论为依据的，在司法机关或者有关行政主管部门尚未作出结论期间，作出工伤认定决定的时限中止。

社会保险行政部门工作人员与工伤认定申请人有利害关系的，应当回避。

条文注释

本条对于工伤认定的时限规定了以下几个方面：

(1)作出工伤认定决定的时限为社会保险行政部门受理工伤认定申请之日起60日内。"受理工伤认定申请之日起"，是指从社会保险行政部门收到所有的工伤申请材料后起算。申请人在申请工伤认定时提交的材料不完整的，社会保险行政部门应当一次性地书面告知申请人需要补正的全部材料。申请人按照要求补正材料后，社会保险行政部门应当受理。社会保险行政部门作出工伤认定决定的，应当及时以书面的形式通知申请工伤认定的职工或者其近亲属和该职工所在单位。

(2)工伤认定简易程序。为了简化工伤认定程序，缩短工伤认定的时间，便于职工尽快得到工伤保险待遇，本条第2款明确规定，社会保险行政部门对受理的事实清楚、权利义务明确的工伤认定申请，应当在15日内作出工伤认定的决定。

(3)工伤认定时限的中止。实践中，有些事故伤害能否被认定为工伤，往往需要以司法机关或者有关行政主管部门的结论作为依据。而相关部门作出结论需要一定的时间，这段时间是否要计算在工伤认定的时限内？对此，本条第3款明确规定，作出工伤认定决定需要以司法机关或者有关行政主管部门的结论为依据的，在司法机关或者有关行政主管部门尚未作出结论期间，作出工伤认定决定的时限中止。例如，职工在上下班途中发生了交通事故，要确定是不是职工本人的主要责任，需要等待公安机关交通管理部门的认定，在此期间，工伤认定的时限中止。交通管理部门作出结论后，工伤认定的时限继续计算，社会保险行政部门应当及时根据该结论作出工伤认定。如果交通事故应当由职工本人负主要责任,就不能认定为工伤,反之则应当认定为工伤。

第四章 劳动能力鉴定

第二十一条 【劳动能力鉴定的条件】职工发生工伤,经治疗伤情相对稳定后存在残疾、影响劳动能力的,应当进行劳动能力鉴定。

条文注释

根据本条规定,职工进行劳动能力鉴定,应当符合以下三个条件:

(1)劳动能力鉴定应当在职工经过治疗,伤情处于相对稳定状态后进行。职工发生工伤后,只有经过一段时间的治疗,使伤情处于相对稳定的状态,才可由劳动能力鉴定机构聘请医疗专家进行劳动能力鉴定。

(2)工伤职工必须存在残疾,才有必要进行劳动能力鉴定。职工的残疾主要是指身体上的残疾,如肢体残疾、器官受损等。职工因工伤造成身体残疾的,就需要进行劳动能力鉴定,评定伤残等级,依法获得工伤保险待遇。

(3)工伤影响职工劳动能力的,应当进行劳动能力鉴定。“影响劳动能力”,是指职工在发生工伤后,由于身体造成的伤残使其不能从事工伤前的工作,而只能从事劳动强度比较低、收入也较少的工作,有的甚至丧失劳动能力,无法再从事相关的工作。例如,某建筑工人在建筑工地发生工伤事故,造成腿部残疾,无法再从事建筑施工工作。

第二十二条 【劳动能力鉴定的等级】劳动能力鉴定是指劳动功能障碍程度和生活自理障碍程度的等级鉴定。

劳动功能障碍分为十个伤残等级，最重的为一级，最轻的为十级。

生活自理障碍分为三个等级：生活完全不能自理、生活大部分不能自理和生活部分不能自理。

劳动能力鉴定标准由国务院社会保险行政部门会同国务院卫生行政部门等部门制定。

条文注释

“劳动能力鉴定”，是指劳动者因工负伤或患职业病，导致本人劳动与生活能力下降，由劳动能力鉴定机构根据职工本人或其近亲属的申请，组织劳动能力鉴定医学专家，根据国家制定的评残标准和社会保险的有关政策，运用医学科学技术的方法和手段，确定劳动者伤残程度和丧失劳动能力程度的一种综合评定制度。

劳动能力鉴定分为劳动功能障碍程度等级鉴定和生活自理障碍程度等级鉴定两部分。关于劳动能力鉴定标准，我国目前适用的是《劳动能力鉴定 职工工伤与职业病致残等级》（GB/T 16180－2014）。

关联法规

《劳动能力鉴定 职工工伤与职业病致残等级》（GB/T 16180－2014）

第二十三条 【劳动能力鉴定申请与受理】劳动能力鉴定由用人单位、工伤职工或者其近亲属向设区的市级劳动能力鉴定委员会提出申请，并提供工伤认定决定和职工工伤医疗的有关资料。

条文注释

1. 申请主体的范围

劳动能力鉴定的申请主体,主要包括以下三类:

(1)用人单位。职工发生事故伤害后,为职工申请工伤认定和劳动能力鉴定是用人单位的法定责任。根据本条例的有关规定,职工发生工伤,经治疗伤情相对稳定后存在残疾、影响劳动能力的,用人单位应当替工伤职工向设区的市级劳动能力鉴定委员会提出劳动能力鉴定申请。

(2)工伤职工。工伤职工经治疗后存在残疾,可能或者已经影响其劳动能力和生活自理能力,给其工作和生活带来很大不便的,有权申请劳动能力鉴定。

(3)职工的近亲属。实践中,有的工伤职工受伤比较严重,自己提出劳动能力鉴定申请比较困难,此时,可由其近亲属代为申请。职工的近亲属一般包括职工的配偶、子女、父母、兄弟姐妹、祖父母、外祖父母。

2. 受理机构

劳动能力鉴定机构是劳动能力鉴定委员会。劳动能力鉴定委员会分为设区的市级劳动能力鉴定委员会和省、自治区、直辖市劳动能力鉴定委员会两级,由设区的市级劳动能力鉴定委员会受理劳动能力的初次鉴定申请。劳动能力鉴定委员会必须建立医疗卫生专家库,劳动能力鉴定需从医疗卫生专家库中选取3名或5名医学专家进行。我国设立两级劳动能力鉴定机构,有利于简化鉴定程序,方便工伤职工及时申请再次鉴定,缩短劳动能力鉴定的时间。

3. 申请材料

(1)工伤认定决定。其是社会保险行政部门根据国家有关规定出具的确认职工所受伤害或者职业病是否属于工伤的书面决定。本条例第14、15条对应当认定工伤或者视同工伤的范围作了具体规定。职工发生事故伤害或者按照《职业病防治法》的规定被诊断、鉴定为职业病的,所在单位应当自事故伤害发生之日或者被诊断、鉴定为职业病之日起30日内,向统筹地区社会保险行政部门提出工伤认定申请。用人单位未提出工伤认定申请的,工伤职工或者其近亲属、工会组织在事故伤害发生之日或者被诊断、鉴定为职业病之日起1年内,有权直接向社会保险行政部门提出工伤认定申请。社会保险行政部门应当自受理工伤认定申请之日起60日内作出工伤认定决定,并书面通知申请工伤认定的职工或者其近亲属和该职工所在单位。

(2)职工工伤医疗的有关资料。其是指负责治疗工伤职工的医疗机构记载的有关职工的病情、病志、治疗情况等资料,包括医疗机构救治期间的诊疗病历、诊断证明书或者职业病诊断证明书(或者职业病诊断鉴定书),相关的检查报告复印件以及影像检查等。劳动能力鉴定机构根据这些资料审查职工的伤情是否已经稳定,能否进行劳动能力鉴定。

(3)其他有关申请材料。其包括劳动能力鉴定申请表、职工身份证明以及本人照片等。

第二十四条 【劳动能力鉴定委员会与专家库】省、自治区、直辖市劳动能力鉴定委员会和设区的市级劳动能力鉴定委员会分别由省、自治区、直辖市和设区的市级社会保险行政部门、卫生行政部门、工会组织、经办机构代表以及用人单位代表组成。

劳动能力鉴定委员会建立医疗卫生专家库。列入专家库的医疗卫生专业技术人员应当具备下列条件:

(一)具有医疗卫生高级专业技术职务任职资格;

(二)掌握劳动能力鉴定的相关知识;

(三)具有良好的职业品德。

第二十五条 【劳动能力鉴定的步骤和时限】设区的市级劳动能力鉴定委员会收到劳动能力鉴定申请后,应当从其建立的医疗卫生专家库中随机抽取3名或者5名相关专家组成专家组,由专家组提出鉴定意见。设区的市级劳动能力鉴定委员会根据专家组的鉴定意见作出工伤职工劳动能力鉴定结论;必要时,可以委托具备资格的医疗机构协助进行有关的诊断。

设区的市级劳动能力鉴定委员会应当自收到劳动能力鉴定申请之日起60日内作出劳动能力鉴定结论,必要时,作出劳动能力鉴定结论的期限可以延长30日。劳动能力鉴定结论应当及时送达申请鉴定的单位和个人。

条文注释

设区的市级劳动能力鉴定委员会进行初次劳动能力鉴定,分为以下几个步骤:

(1)受理申请。设区的市级劳动能力鉴定委员会收到劳动能力鉴定申请后,应当对申请人提供的材料进行审查:对于材料完整且符合有关要求的,应当受理;申请人提供的材料不完整的,应当及时告知申请人需要补交的全部材料。

(2)组成专家组。劳动能力鉴定委员会应当从医疗卫生专家库中抽取3名或者5名相关专家组成专家组。为确保劳动能力鉴定结论的公正性,从专家库中抽取专家应当按照自由组合的原则随机抽取。专家组的成员数量应为单数,可由3名专家组成,也可由5名专家组成,以便于专家组按照少数服从多数的原则决定鉴定意见。

(3)专家组提出鉴定意见。专家组根据医疗专业知识和劳动能力鉴定标准进行医疗鉴定,提出鉴定意见。专家组的鉴定意见是劳动能力鉴定委员会作出劳动能力鉴定结论的依据。

(4)劳动能力鉴定委员会作出劳动能力鉴定结论。劳动能力鉴定委员会根据专家组的鉴定意见,作出劳动能力鉴定结论,确定伤残职工的劳动功能障碍程度和生活护理依赖程度。劳动能力鉴定结论是工伤职工享受工伤保险待遇的依据;工伤保险经办机构应当根据劳动能力鉴定结论,按照工伤职工的伤残等级支付相应的工伤保险待遇。劳动能力鉴定委员会在作出鉴定结论的过程中,需要借助医疗设备进行诊断时,可以委托从事工伤医疗救治、康复等工作的医疗机构协助进行有关的诊断。

(5)送达鉴定结论。劳动能力鉴定结论作出后,应当及时送达申请鉴定的单位和个人。

第二十六条 【再次鉴定】申请鉴定的单位或者个人对设区的市级劳动能力鉴定委员会作出的鉴定结论不服的,可以在收到该鉴定结论之日起15日内向省、自治区、直辖市劳动能力鉴定委员会提出再次鉴定申请。省、自治区、直辖市劳动能力鉴定委员会作出的劳动能力鉴定结论为最终结论。

第二十七条 【劳动能力鉴定的工作原则】劳动能力鉴定工作应当客观、公正。劳动能力鉴定委员会组成人员或者参加鉴定的专家与当事人有利害关系的,应当回避。

第二十八条 【劳动能力复查鉴定】自劳动能力鉴定结论作出之日起1年后,工伤职工或者其近亲属、所在单位或者经办机构认为伤残情况发生变化的,可以申请劳动能力复查鉴定。

条文注释

有权提出劳动能力复查鉴定的申请人包括以下三类:

(1)工伤职工或者其近亲属。劳动能力鉴定作出的伤残等级认定,直接关系职工享受工伤保险待遇水平的高低。因此,劳动能力鉴定结论作出之日起1年后,职工如果认为自己的劳动能力已经低于劳动能力鉴定结论中的伤残等级,有权申请劳动能力复查鉴定,并依据新的鉴定结论享受相应的工伤保险待遇。同时,工伤职工劳动能力的变化会对其近亲属的生活产生较大影响,因此,工伤职工的近亲属也有权申请复查鉴定,通过复查鉴定改变职工劳动能力鉴定的伤残等级,使其享受更好的工伤保险待遇,以减轻近亲属护理照顾的经济负担。

(2)工伤职工所在单位。职工伤残情况的变化,直接影响职工所在单位的利益。鉴定结论作出一段时期后,所在单位如果认为职工的伤残程度进一步恶化,已经不能胜任现有的工作,有权提出复查鉴定申请;并依据新的鉴定结论,考虑变更或者终止与该职工的劳动合同。

(3)经办机构。劳动能力鉴定结论作出后,经办机构要依据劳动能力鉴定结论向工伤职工支付工伤保险待遇。职工伤残程度发生变化,将直接影响工伤保险待遇的支付。如果工伤职工的伤残程度减轻甚至完全恢复,工伤保险经办机构就可以减少或者完全免除工伤保险待遇的支付,将有关费用支付给真正需要的人。因此,经办机构也有权申请劳动能力复查鉴定。

第二十九条 【劳动能力再次鉴定和复查鉴定的时限】劳动能力鉴定委员会依照本条例第二十六条和第二十八条的规定进行再次鉴定和复查鉴定的期限,依照本条例第二十五条第二款的规定执行。

第五章 工伤保险待遇

第三十条 【工伤职工的治疗】职工因工作遭受事故伤害或者患职业病进行治疗,享受工伤医疗待遇。

职工治疗工伤应当在签订服务协议的医疗机构就医,情况紧急时可以先到就近的医疗机构急救。

治疗工伤所需费用符合工伤保险诊疗项目目录、工伤保险药品目录、工伤保险住院服务标准的，从工伤保险基金支付。工伤保险诊疗项目目录、工伤保险药品目录、工伤保险住院服务标准，由国务院社会保险行政部门会同国务院卫生行政部门、食品药品监督管理部门等部门规定。

职工住院治疗工伤的伙食补助费，以及经医疗机构出具证明，报经办机构同意，工伤职工到统筹地区以外就医所需的交通、食宿费用从工伤保险基金支付，基金支付的具体标准由统筹地区人民政府规定。

工伤职工治疗非工伤引发的疾病，不享受工伤医疗待遇，按照基本医疗保险办法处理。

工伤职工到签订服务协议的医疗机构进行工伤康复的费用，符合规定的，从工伤保险基金支付。

条文注释

本条是关于职工治疗工伤和工伤医疗待遇的规定。

1. 职工享受工伤保险待遇的范围

根据《社会保险法》第38条的规定，因工伤发生的下列费用，按照国家规定从工伤保险基金中支付：(1)治疗工伤的医疗费用和康复费用；(2)住院伙食补助费；(3)到统筹地区以外就医的交通食宿费；(4)安装配置伤残辅助器具所需费用；(5)生活不能自理的，经劳动能力鉴定委员会确认的生活护理费；(6)一次性伤残补助金和一级至四级伤残职工按月领取的伤残津贴；(7)终止或者解除劳动合同时，应当享受的一次性医疗补助金；(8)因工死亡的，其遗属领取的丧葬补助金、供养亲属抚恤金和因工死亡补助金；(9)劳动能力鉴定费。

2. 工伤医疗待遇的范围

工伤职工进行治疗，有权享受工伤医疗待遇。根据本条规定，工伤医疗待遇包括：(1)工伤职工到指定医院治疗工伤所需的挂号费、医疗费、药费、住院费等费用，符合工伤保险诊疗项目目录、工伤保险药品目录、工伤保险住院服务标准的，从工伤保险基金支付。(2)工伤职工治疗工伤需要住院的，职工住院治疗工伤的伙食补助费，以及经医疗机构出具证明，报经办机构同意，工伤职工到统筹地区以外就医所需的交通、食宿费用从工伤保险基金支付，基金支付的具体标准由统筹地区人民政府规定。(3)工伤职工需要停止工作接受治疗的，享受停工留薪期待遇；停工留薪期满后，需要继续治疗的，继续享受工伤医疗待遇。(4)工伤职工到签订服务协议的医疗机构进行工伤康复的费用，符合规定的，从工伤保险基金支付。(5)工伤职工治疗非工伤引发的疾病，不享受工伤医疗待遇，按照基本医疗保险办法处理。

3. 工伤医疗机构

(1)享受工伤医疗待遇的职工应当到签订服务协议的医疗机构治疗工伤，情况紧急时可以先到就近的医疗机构急救。“服务协议”，是社会保险经办机构与该统筹区域内的有关医疗机构就工伤患者就诊、用药、辅助器具管理、费用给付、争议处理办法等事项进行协商所达成的协议。服务协议由社会保险经办机构与工伤医疗机构签订。职工治疗工伤，首先要了解其所在统筹区域内哪家医疗机构是与社会保险经办机构签订服务协议的医疗机构。除急诊和急救可以先到就近的医疗机构外，职工在未签订服务协议的医疗机构就医的，所发生的费用不得列入工伤保险基金的支付范围。

(2)工伤职工因治疗的实际需要确需跨统筹地区就医的，须由签订服务协议的医疗机构出具证明，并报经办机构同意。工伤职工跨统筹地区就医所花费用，可先由工伤职工或者所在单位垫付，经社会保险经办机构复核后，按本统筹地区有关规定结算。

第三十一条 【行政复议、行政诉讼期间工伤保险医疗费用的支付】社会保险行政部门作出认定为工伤的决定后发生行政复议、行政诉讼的，行政复议和行政诉讼期间不停止支付工伤职工治疗工伤的医疗费用。

第三十二条 【工伤职工辅助器具的配置】工伤职工因日常生活或者就业需要,经劳动能力鉴定委员会确认,可以安装假肢、矫形器、假眼、假牙和配置轮椅等辅助器具,所需费用按照国家规定的标准从工伤保险基金支付。

条文注释

工伤职工配置辅助器具,应当经劳动能力鉴定委员会确认。为了加强对配置辅助器具工作的管理,满足伤残职工的合理需求,由国家社会保险行政部门会同民政等有关部门制定辅助器具的项目名称、材料、性能、质量、参考价格以及业务管理程序等标准。工伤职工需要配置辅助器具的,应当到与社会保险经办机构签订服务协议的医疗机构,并按照国家规定的有关标准配置辅助器具。工伤职工对于辅助器具配置机构提供的一些不合理的配置应当拒绝。职工配置辅助器具所需的费用按照国家规定的标准从工伤保险基金支付。对于违反国家标准配置辅助器具的费用,不得从工伤保险基金中支付。

第三十三条 【停工留薪期的待遇】职工因工作遭受事故伤害或者患职业病需要暂停工作接受工伤医疗的,在停工留薪期内,原工资福利待遇不变,由所在单位按月支付。

停工留薪期一般不超过12个月。伤情严重或者情况特殊,经设区的市级劳动能力鉴定委员会确认,可以适当延长,但延长不得超过12个月。工伤职工评定伤残等级后,停发原待遇,按照本章的有关规定享受伤残待遇。工伤职工在停工留薪期满后仍需治疗的,继续享受工伤医疗待遇。

生活不能自理的工伤职工在停工留薪期需要护理的,由所在单位负责。

条文注释

本条是关于职工停工留薪期的待遇的规定。

1. 停工留薪期的待遇

停工留薪期,是指职工遭受工伤事故伤害或者患职业病后,暂停工作接受治疗并享受有关待遇的期限。职工在停工留薪期内,除享受工伤医疗待遇外,原工资福利待遇不变,由所在单位按月发放。"原工资福利待遇"包括职工在受伤或者被确诊患职业病前,原用人单位发给职工的全部工资和福利待遇。停工留薪期满,应当由劳动能力鉴定委员会评定伤残等级。工伤职工评定伤残等级后,停发原待遇,按照本条例第35~37条关于伤残职工工伤待遇的规定,享受伤残待遇。工伤职工在停工留薪期满后仍需治疗的,可以继续享受本条例第30条所规定的工伤医疗待遇。

2. 停工留薪期的时间

关于停工留薪期的时间,由已签订服务协议的治疗工伤的医疗机构提出意见,经劳动能力鉴定委员会确认并通知有关单位和工伤职工。工伤停工留薪期应当根据职工所受工伤的具体状况来确定,一般不超过12个月。在停工留薪期间,职工的伤情严重或者情况特殊,需要延长治疗期限的,经设区的市级劳动能力鉴定委员会确认,可以适当延长,但延长不得超过12个月。

3. 停工留薪期的护理费

生活不能自理的工伤职工在停工留薪期需要护理的,由所在单位负责。要注意停工留薪期的护理费与工伤职工生活护理费的差别,主要体现在以下两个方面:(1)停工留薪期的护理费由职工所在单位负责,而工伤职工的生活护理费则由工伤保险基金支付;(2)停工留薪期的护理费限于停工留薪期内职工需要护理的情况,而生活护理费则发生在工伤职工已经评定伤残等级并经劳动能力鉴定委员会确认需要护理之后。

第三十四条　【生活护理费】工伤职工已经评定伤残等级并经劳动能力鉴定委员会确认需要生活护理的,从工伤保险基金按月支付生活护理费。

生活护理费按照生活完全不能自理、生活大部分不能自理或者生活部分不能自理3个不同等级支付，其标准分别为统筹地区上年度职工月平均工资的50%、40%或者30%。

条文注释

本条是关于生活护理费的规定。职工遭受工伤伤害后，其生活不能自理，接受护理是工伤职工的一项基本权利。生活护理费，是指工伤职工已经评定伤残等级并经劳动能力鉴定委员会确认需要生活护理的，从工伤保险基金中获得的支付其生活护理所需的必要费用。工伤职工的生活护理与工伤事故存在因果关系，因此，生活护理费应当从工伤保险基金中支付。

第三十五条　【一级至四级伤残职工的工伤待遇】职工因工致残被鉴定为一级至四级伤残的，保留劳动关系，退出工作岗位，享受以下待遇：

（一）从工伤保险基金按伤残等级支付一次性伤残补助金，标准为：一级伤残为27个月的本人工资，二级伤残为25个月的本人工资，三级伤残为23个月的本人工资，四级伤残为21个月的本人工资；

（二）从工伤保险基金按月支付伤残津贴，标准为：一级伤残为本人工资的90%，二级伤残为本人工资的85%，三级伤残为本人工资的80%，四级伤残为本人工资的75%。伤残津贴实际金额低于当地最低工资标准的，由工伤保险基金补足差额；

（三）工伤职工达到退休年龄并办理退休手续后，停发伤残津贴，按照国家有关规定享受基本养老保险待遇。基本养老保险待遇低于伤残津贴的，由工伤保险基金补足差额。

职工因工致残被鉴定为一级至四级伤残的，由用人单位和职工个人以伤残津贴为基数，缴纳基本医疗保险费。

条文注释

本条是关于一级至四级伤残职工工伤待遇的规定。职工因工致残被鉴定为一级至四级伤残的,根据本条规定,可以享受两项工伤保险待遇,即享受一次性伤残补助金和按月享受伤残津贴。此外,本条还对工伤保险与基本养老保险、基本医疗保险的衔接作了规定。

1. 一次性伤残补助金

伤残补助金,是指职工因工致残并经劳动能力鉴定委员会评定伤残等级的,按照该伤残等级从工伤保险基金中对该职工一次性支付的伤残补助费用。伤残补助金应当从工伤保险基金中按伤残等级一次性支付,标准为:一级伤残为27个月的本人工资,二级伤残为25个月的本人工资,三级伤残为23个月的本人工资,四级伤残为21个月的本人工资。

2. 伤残津贴

伤残津贴,是指职工因工致残被鉴定为一级至四级伤残,与单位保留劳动关系,退出工作岗位的,以及工伤职工因工致残被鉴定为五、六级伤残,保留与用人单位的劳动关系,本应由用人单位安排适当工作,但难以安排的,分别由工伤保险基金或者用人单位对其按月支付的津贴。一级至四级伤残职工的伤残津贴从工伤保险基金按月支付,标准为:一级伤残为本人工资的90%,二级伤残为本人工资的85%,三级伤残为本人工资的80%,四级伤残为本人工资的75%。伤残津贴实际金额低于当地最低工资标准的,由工伤保险基金补足差额。

3. 伤残职工劳动关系的保留

职工因工致残被鉴定为一级至四级伤残的,除非这些职工到达退休年龄办理退休手续、死亡或者存在《劳动合同法》第39条规定的法定情形,用人单位应当与其保留劳动关系。如果工伤职工存在《劳动合同法》第39条规定的情形,用人单位可以解除与该职工的劳动合同。这些情形包括:(1)在试用期间被证明不符合录用条件的;(2)严重违反用人单位的规章制度的;(3)严重失职,营私舞弊,给用人单位造成重大损害的;(4)劳动者同时与其他用人单位建立劳动关系,对完成本单位的工作任务造成严重影响,或者经用人单位提出,拒不改正的;(5)因《劳动合同法》第26条第1款第1项规定的情形致使劳动合同无效的;(6)被依法追究刑事责任的。

在工伤职工保留劳动关系期间,由于其已完全丧失劳动能力,该职工与用人单位签订的劳动合同应当中止,但用人单位应当以伤残津贴为基数,为工伤职工缴纳基本医疗保险费。

4. 职工伤残待遇的计发基数

职工伤残待遇的计发基数为本人工资,即工伤职工因工作遭受事故伤害或者患职业病前12个月平均月工资。本人工资高于统筹地区职工平均工资300%的,按照统筹地区职工平均工资的300%计算;本人工资低于统筹地区职工平均工资60%的,按照统筹地区职工平均工资的60%计算。

5. 职工伤残待遇与基本养老保险待遇的衔接

由工伤保险基金支付的伤残津贴是对工伤职工收入损失的补偿,工伤职工达到退休年龄并办理退休手续后,由于其已经不属于劳动就业人员的范围,因此应当停发伤残津贴,转而按照国家有关规定享受基本养老保险待遇。基本养老保险待遇低于伤残津贴的,由工伤保险基金补足差额。"按照国家有关规定",是指按照《社会保险法》和《国务院关于完善企业职工基本养老保险制度的决定》的有关规定。

6. 职工伤残待遇与基本医疗保险待遇的衔接

职工因工致残被鉴定为一级至四级伤残的,用人单位应当与其保留劳动关系,并由用人单位和职工个人以伤残津贴为基数,缴纳基本医疗保险费。

第三十六条 【五级、六级伤残职工的工伤待遇】职工因工致残被鉴定为五级、六级伤残的,享受以下待遇:

(一)从工伤保险基金按伤残等级支付一次性伤残补助金,标准为:五级伤残为18个月的本人工资,六级伤残为16个月的本人工资;

（二）保留与用人单位的劳动关系，由用人单位安排适当工作。难以安排工作的，由用人单位按月发给伤残津贴，标准为：五级伤残为本人工资的70%，六级伤残为本人工资的60%，并由用人单位按照规定为其缴纳应缴纳的各项社会保险费。伤残津贴实际金额低于当地最低工资标准的，由用人单位补足差额。

经工伤职工本人提出，该职工可以与用人单位解除或者终止劳动关系，由工伤保险基金支付一次性工伤医疗补助金，由用人单位支付一次性伤残就业补助金。一次性工伤医疗补助金和一次性伤残就业补助金的具体标准由省、自治区、直辖市人民政府规定。

条文注释

本条是关于五级、六级伤残职工工伤待遇的规定。职工因工伤被鉴定为五级、六级伤残的，被称为大部分丧失劳动能力，有权依照本条规定获得相应的一次性伤残补助金、伤残津贴以及一次性工伤医疗补助金、一次性伤残就业补助金。

1. 一次性伤残补助金

职工因工致残被鉴定为五级、六级伤残的，由工伤保险基金按伤残等级支付一次性伤残补助金，标准为：五级伤残为18个月的本人工资，六级伤残为16个月的本人工资。

2. 伤残津贴

职工因工致残被鉴定为五级、六级伤残，大部分丧失劳动能力的，用人单位应当与其保留劳动关系，给其安排适当的工作，使其回归社会，继续为社会作出贡献。用人单位因岗位要求以及工伤职工的劳动能力等原因，难以安排工作的，应当由用人单位按月发给伤残津贴，标准为：五级伤残为本人工资的70%，六级伤残为本人工资的60%，并由用人单位按照规定为其缴纳应缴纳的各项社会保险费。伤残津贴实际金额低于当地最低工资标准的，由用人单位补足差额。

3. 一次性工伤医疗补助金和一次性伤残就业补助金

经工伤职工本人提出，该职工可以与用人单位解除或者终止劳动关系，工伤职工本人终止或者解除劳动关系的权利不受限制。工伤职工与用人单位解除或者终止劳动关系的，应当由工伤保险基金支付一次性工伤医疗补助金，由用人单位支付一次性伤残就业补助金。劳动关系的解除使伤残职工丧失了经济来源，增加了其重新就业的负担。这些主要是由工伤事故造成的，因此应由工伤保险基金和用人单位给予一定的经济赔偿，以保证伤残职工在找到新工作前生活有保障，并有经济能力医治伤病。一次性工伤医疗补助金和一次性伤残就业补助金的具体标准由省、自治区、直辖市人民政府规定。

第三十七条　【七级至十级伤残职工的工伤待遇】职工因工致残被鉴定为七级至十级伤残的，享受以下待遇：

（一）从工伤保险基金按伤残等级支付一次性伤残补助金，标准为：七级伤残为 13 个月的本人工资，八级伤残为 11 个月的本人工资，九级伤残为 9 个月的本人工资，十级伤残为 7 个月的本人工资；

（二）劳动、聘用合同期满终止，或者职工本人提出解除劳动、聘用合同的，由工伤保险基金支付一次性工伤医疗补助金，由用人单位支付一次性伤残就业补助金。一次性工伤医疗补助金和一次性伤残就业补助金的具体标准由省、自治区、直辖市人民政府规定。

条文注释

本条是关于职工被鉴定为七级至十级伤残待遇的规定。职工因工伤被鉴定为七级至十级伤残的，被称为部分丧失劳动能力，有权依照本条规定获得相应的一次性伤残补助金以及一次性工伤医疗补助金、一次性伤残就业补助金。

1. 一次性伤残补助金

职工因工致残被鉴定为七级至十级伤残的,从工伤保险基金按伤残等级支付一次性伤残补助金,标准为:七级伤残为13个月的本人工资,八级伤残为11个月的本人工资,九级伤残为9个月的本人工资,十级伤残为7个月的本人工资。

2. 一次性工伤医疗补助金和一次性伤残就业补助金

工伤职工被鉴定为七级至十级伤残的,只是丧失了部分劳动能力。对于这部分工伤职工,在劳动、聘用合同期满前,除非工伤职工具有《劳动合同法》第39条规定的六种用人单位解除劳动合同的情形,否则用人单位不得单方与其解除劳动关系。用人单位应当与其继续履行劳动、聘用合同,并按照劳动、聘用合同的规定支付相应的工资报酬。劳动、聘用合同期满终止,或者职工本人提出解除劳动、聘用合同的,由工伤保险基金支付一次性工伤医疗补助金,由用人单位支付一次性伤残就业补助金,为伤残职工找到新工作前提供生活保障和治疗伤病的费用。一次性工伤医疗补助金和一次性伤残就业补助金的具体标准,由省、自治区、直辖市人民政府根据当地的经济发展水平和医疗消费水平作出规定。

需要注意的是,与一级至六级伤残待遇相比,七级至十级伤残职工不享受伤残津贴。

第三十八条 【工伤职工工伤复发的工伤待遇】工伤职工工伤复发,确认需要治疗的,享受本条例第三十条、第三十二条和第三十三条规定的工伤待遇。

条文注释

本条是关于旧伤复发待遇的规定。工伤职工工伤复发,是指工伤职工经过医疗机构的诊断治疗,确定病情已经痊愈,终止停工留薪期,经过劳动能力鉴定委员会评定伤残等级或者正处于劳动能力鉴定过程中,工伤职工的病情又重新发作。根据本条规定,工伤职工工伤复发的,有权享受工伤医疗待遇、配置辅助器具待遇和停工留薪期待遇。

第三十九条 【职工因工死亡待遇】职工因工死亡，其近亲属按照下列规定从工伤保险基金领取丧葬补助金、供养亲属抚恤金和一次性工亡补助金：

（一）丧葬补助金为6个月的统筹地区上年度职工月平均工资；

（二）供养亲属抚恤金按照职工本人工资的一定比例发给由因工死亡职工生前提供主要生活来源、无劳动能力的亲属。标准为：配偶每月40%，其他亲属每人每月30%，孤寡老人或者孤儿每人每月在上述标准的基础上增加10%。核定的各供养亲属的抚恤金之和不应高于因工死亡职工生前的工资。供养亲属的具体范围由国务院社会保险行政部门规定；

（三）一次性工亡补助金标准为上一年度全国城镇居民人均可支配收入的20倍。

伤残职工在停工留薪期内因工伤导致死亡的，其近亲属享受本条第一款规定的待遇。

一级至四级伤残职工在停工留薪期满后死亡的，其近亲属可以享受本条第一款第（一）项、第（二）项规定的待遇。

条文注释

本条是关于职工因工死亡待遇的规定。职工因工死亡，既包括职工因工伤事故或者职业病直接导致的死亡，也包括经抢救治疗无效后的死亡，还包括在停工留薪期内因工伤导致的死亡。根据本条规定，职工近亲属有权享受的职工因工死亡的待遇有三项：一是丧葬补助金；二是供养亲属抚恤金；三是一次性工亡补助金。

1. 丧葬补助金

职工因工死亡，其近亲属可以从工伤保险基金中领取丧葬补助金，标准为6个月的统筹地区上年度职工月平均工资。根据《因工死亡职工供养亲属范围规定》，工伤职工的近亲属包括配偶、子女、父母、祖父母、外祖父母、孙子女、外孙子女、兄弟姐妹。

2. 供养亲属抚恤金

(1)计发标准。供养亲属抚恤金按照职工本人生前工资的一定比例发给由因工死亡职工生前提供主要生活来源、无劳动能力的亲属。标准为:配偶每月40%,其他亲属每人每月30%,孤寡老人或者孤儿每人每月在上述标准的基础上增加10%。在初次核定时,各供养亲属的抚恤金之和不得高于工亡职工的本人工资。在以后调整供养亲属抚恤金时,不受此限制。供养亲属抚恤金标准,由统筹地区社会保险行政部门根据本地区职工平均工资和生活费用变化等情况适时调整。

(2)供养亲属的范围。根据《因工死亡职工供养亲属范围规定》,因工死亡职工供养亲属包括该职工的配偶、子女、父母、祖父母、外祖父母、孙子女、外孙子女、兄弟姐妹。这里所称"子女",包括婚生子女、非婚生子女、养子女和有抚养关系的继子女。其中,婚生子女、非婚生子女包括遗腹子女。这里所称"父母",包括生父母、养父母和有抚养关系的继父母。这里所称"兄弟姐妹",包括同父母的兄弟姐妹、同父异母或者同母异父的兄弟姐妹、养兄弟姐妹、有抚养关系的继兄弟姐妹。

(3)申请供养亲属抚恤金的条件。根据《因工死亡职工供养亲属范围规定》第3条的规定,供养亲属依靠因工死亡职工生前提供主要生活来源,并有下列情形之一的,可按规定申请供养亲属抚恤金:①完全丧失劳动能力的;②工亡职工配偶男年满60周岁、女年满55周岁的;③工亡职工父母男年满60周岁、女年满55周岁的;④工亡职工子女未满18周岁的;⑤工亡职工父母均已死亡,其祖父、外祖父年满60周岁,祖母、外祖母年满55周岁的;⑥工亡职工子女已经死亡或完全丧失劳动能力,其孙子女、外孙子女未满18周岁的;⑦工亡职工父母均已死亡或完全丧失劳动能力,其兄弟姐妹未满18周岁的。

(4)供养亲属抚恤金的停止发放。供养亲属抚恤金待遇是一项长期待遇,除非供养亲属具备或者恢复劳动能力或者死亡的,供养亲属抚恤金不得停止发放。根据《因工死亡职工供养亲属范围规定》第4条的规定，领取抚恤金人员有下列情形之一的，停止享受抚恤金待遇：①年满18周岁且未完全丧失劳动能力的；②就业或参军的；③工亡职工配偶再婚的；④被他人或组织收养的；⑤死亡的。

3. 一次性工亡补助金

（1）一次性工亡补助金标准为上一年度全国城镇居民人均可支配收入的20倍。无论在城市还是农村，无论在东部还是西部，也无论工亡职工生前从事何种职业，全国都实行这一统一标准。当工亡职工有数个近亲属时，应当按照权利义务对等的原则在近亲属之间进行分配，对职工生前尽了较多照顾义务的近亲属可以适当多分。

（2）一级至四级伤残职工在停工留薪期满后死亡的，其近亲属可以享受丧葬补助金和供养亲属抚恤金，但不能享受一次性工亡补助金。其原因是，一次性工亡补助金与一级至四级伤残职工一次性伤残补助金的计发标准类似，一级至四级伤残职工在停工留薪期满后，可以领取一次性伤残补助金，如果此时工伤职工死亡，一次性伤残补助金可以由其近亲属继承，不得再享受一次性工亡补助金。

第四十条　【工伤保险待遇的调整】伤残津贴、供养亲属抚恤金、生活护理费由统筹地区社会保险行政部门根据职工平均工资和生活费用变化等情况适时调整。调整办法由省、自治区、直辖市人民政府规定。

第四十一条　【职工在抢险救灾中或者因工外出期间下落不明的处理】职工因工外出期间发生事故或者在抢险救灾中下落不明的，从事故发生当月起3个月内照发工资，从第4个月起停发工资，由工伤保险基金向其供养亲属按月支付供养亲属抚恤金。生活有困难的，可以预支一次性工亡补助金的50%。职工被人民法院宣告死亡的，按照本条例第三十九条职工因工死亡的规定处理。

条文注释

本条是关于职工在抢险救灾中或者因工外出期间发生事故下落不明以及被宣告死亡的处理规定。本条规定的“职工因工外出期间发生事故或者在抢险救灾中下落不明的”，指的是符合本条例第14条第5项和第15条第1款第2项规定的情形。

1. 职工下落不明的工伤保险待遇

职工外出期间发生事故或在抢险救灾中下落不明，虽然此时还不能确定职工是否已经死亡，但为了保护其供养亲属的利益，本条例规定其供养亲属可以享受部分工伤职工因工死亡的待遇，具体为：从事故发生当月起3个月内照发工资，从第4个月起停发工资，由工伤保险基金向其供养亲属按月支付供养亲属抚恤金。生活有困难的，可以预支一次性工亡补助金的50%。供养亲属抚恤金和一次性工亡补助金的发放范围和发放标准按照本条例第39条的规定处理。

我国《民法典》规定了公民宣告失踪的法律制度，即公民下落不明满2年的，利害关系人可以向人民法院申请宣告其为失踪人。需要注意的是，职工因工外出期间发生事故或者在抢险救灾中下落不明后其供养亲属享受有关待遇，不以职工被宣告失踪为程序要件；供养亲属从职工失去音讯当月起，即可按照本条规定享受有关待遇。

2. 职工被宣告死亡的工伤保险待遇

公民被宣告死亡与自然死亡具有同等的法律效力。职工因工外出期间发生事故或者在抢险救灾中下落不明，被人民法院宣告死亡的，该职工的近亲属可以按照本条例第39条的规定领取丧葬补助金、供养亲属抚恤金和一次性工亡补助金。被宣告死亡的职工重新出现或者确知其没有死亡，经本人或者利害关系人申请，人民法院应当撤销对该职工的死亡宣告。职工被撤销宣告死亡后，该职工的近亲属不能再享受本条例第39条规定的职工因工死亡的待遇。

第四十二条 【停止支付工伤保险待遇的情形】工伤职工有下列情形之一的,停止享受工伤保险待遇:

(一)丧失享受待遇条件的;

(二)拒不接受劳动能力鉴定的;

(三)拒绝治疗的。

条文注释

工伤职工停止享受工伤保险待遇主要包括以下几种情形:

(1)丧失享受待遇条件。工伤职工所受工伤完全治愈、劳动能力完全恢复或者生活完全能够自理,不再需要相应的工伤保险待遇提供保障时,即属于丧失享受待遇条件,应当停发相应的工伤保险待遇。此外,工亡职工的供养亲属具备或者恢复劳动能力或者死亡的,属于丧失享受遗属抚恤待遇的条件,应当停止发放有关的抚恤待遇。

(2)拒不接受劳动能力鉴定。劳动能力鉴定是职工享受工伤保险待遇的前提条件,劳动能力鉴定结论是确定职工享受何种伤残待遇、是否需要调换工作岗位的科学依据。工伤职工没有正当理由拒不接受劳动能力鉴定的,将无法确定工伤保险待遇,在这种情况下,工伤职工应当停止享受工伤保险待遇。

(3)拒绝治疗。职工遭受工伤事故或者患职业病后,既有享受工伤医疗待遇的权利,也有积极配合医疗救治的义务。工伤职工无正当理由拒绝治疗的,不利于其恢复劳动能力,重新参加工作,违背了工伤保险制度促进职业康复的宗旨。为了促使工伤职工积极配合治疗,本条规定工伤职工拒绝治疗的,应当停止享受工伤保险待遇。

第四十三条　【用人单位特殊情况下的工伤保险责任】用人单位分立、合并、转让的，承继单位应当承担原用人单位的工伤保险责任；原用人单位已经参加工伤保险的，承继单位应当到当地经办机构办理工伤保险变更登记。

用人单位实行承包经营的，工伤保险责任由职工劳动关系所在单位承担。

职工被借调期间受到工伤事故伤害的，由原用人单位承担工伤保险责任，但原用人单位与借调单位可以约定补偿办法。

企业破产的，在破产清算时依法拨付应当由单位支付的工伤保险待遇费用。

第四十四条　【职工被派遣出境工作期间的工伤保险关系】职工被派遣出境工作，依据前往国家或者地区的法律应当参加当地工伤保险的，参加当地工伤保险，其国内工伤保险关系中止；不能参加当地工伤保险的，其国内工伤保险关系不中止。

条文注释

本条是关于职工被派遣出境工作期间工伤保险法律关系如何处理的规定。

1. 职工被派遣出境工作期间工伤保险法律关系的处理

一些国家法律规定，前往该国工作或者在该国停留期间，必须依据该国的法律参加工伤保险或者购买意外伤害保险。国内的工伤保险与境外的工伤保险在保险项目、保险额度、支付方式等方面都存在差异。职工被派遣出境工作，依据前往国家或者地区的法律应当参加当地工伤保险的，参加当地工伤保险；其国内工伤保险关系中止，直到结束外派返回国后再接续工伤保险关系。在境外不能参加工伤保险的，其国内工伤保险关系不中止，继续按照国内工伤保险的法律规定执行，享受国内的工伤保险待遇。

2. 外派劳务人员因工伤亡的处理

(1)外派劳务人员伤残或者死亡是由外国有关方面造成的,应由外方支付赔偿金,外派单位应当积极索赔。外方给付的赔偿金,原则上应归当事人及其家属所有。但单位已垫付的诉讼费、医疗费、护理费以及事故善后处理等费用,应从国外赔偿金中扣还。

(2)外派劳务人员在国外发生伤亡后,应当按照因工伤亡对待。国外赔偿金与国内工伤保险待遇重复的费用可酌情扣发,但国外赔偿金中的精神损失赔偿不作为重复待遇计算。

(3)国外没有赔偿金的,按照国内工伤保险待遇处理,所在单位应当给予适当照顾。

第四十五条　【职工再次发生工伤的待遇】职工再次发生工伤,根据规定应当享受伤残津贴的,按照新认定的伤残等级享受伤残津贴待遇。

条文注释

与职工工伤复发不同,“职工再次发生工伤”,是指工伤职工遭受两次或两次以上的工伤事故或患职业病,在前次工伤事故造成的病情经治疗并经劳动能力鉴定确定伤残等级后,再次遭受工伤事故或患职业病,后者加剧了工伤职工的病情。这类人群在治疗后,须经劳动能力鉴定委员会按照《劳动能力鉴定　职工工伤与职业病致残等级》(GB/T 16180－2014)重新评定伤残等级。如果被重新确定伤残等级,根据规定应当享受伤残待遇,就要按照新认定的伤残等级享受相应的伤残津贴待遇;如果根据规定不能享受伤残待遇,则不提供相应的伤残津贴待遇。根据本条例第35条至第37条的规定,能够享受伤残津贴的,须为一级至六级伤残。七级至十级伤残的职工,不享受伤残津贴。因此,如果某个职工以前为八级伤残,并不享受伤残津贴,但再次工伤后,经重新鉴定为五级的,就可以享受伤残津贴。

第六章 监督管理

第四十六条 【工伤保险工作职责范围】经办机构具体承办工伤保险事务，履行下列职责：

（一）根据省、自治区、直辖市人民政府规定，征收工伤保险费；

（二）核查用人单位的工资总额和职工人数，办理工伤保险登记，并负责保存用人单位缴费和职工享受工伤保险待遇情况的记录；

（三）进行工伤保险的调查、统计；

（四）按照规定管理工伤保险基金的支出；

（五）按照规定核定工伤保险待遇；

（六）为工伤职工或者其近亲属免费提供咨询服务。

条文注释

本条是关于社会保险经办机构工作职责的规定。本条规定的经办机构，是指各级社会保险行政部门设立的社会保险经办机构。人力资源和社会保障部设立的社会保险事业管理中心属于事业单位，负责承办工伤保险工作。县级以上地方各级人民政府社会保险行政部门根据工作需要，设立社会保险经办机构，承办本区域内的工伤保险工作。工伤保险工作的内容既包括行政性工作，也包括事务性工作，如工伤保险费的征收、待遇发放、调查统计等。工伤保险中的行政性工作由社会保险行政部门负责，事务性工作则由社会保险经办机构承办。

关联法规

《工伤保险经办规程》

第四十七条 【服务协议】经办机构与医疗机构、辅助器具配置机构在平等协商的基础上签订服务协议，并公布签订服务协议的医疗机构、辅助器具配置机构的名单。具体办法由国务院社会保险行政部门分别会同国务院卫生行政部门、民政部门等部门制定。

条文注释

本条是关于服务协议的规定。服务协议，是指社会保险经办机构与医疗机构、辅助器具配置机构就工伤职工就诊、用药、辅助器具管理、费用给付、争议处理办法等事项，经过平等协商所达成的权利义务协议。服务协议主要包括以下三类：(1)社会保险经办机构按规定与获得执业许可证的医疗机构签订工伤医疗服务协议；(2)社会保险经办机构与医疗机构或者康复机构签订康复服务协议；(3)社会保险经办机构与辅助器具配置机构签订安装配置辅助器具服务协议。

第四十八条 【社会保险经办机构核查和结算】经办机构按照协议和国家有关目录、标准对工伤职工医疗费用、康复费用、辅助器具费用的使用情况进行核查，并按时足额结算费用。

条文注释

工伤保险费用的结算主要包括以下三种方式：(1)总额预付结算方式。采取总额预付结算方式的，要根据工伤保险的支付范围和工伤职工的年龄等具体情况，合理确定对医疗机构、康复机构、辅助器具配置机构的预付总额。(2)服务项目结算方式。采取服务项目结算方式的，要根据医疗、康复、配置辅助器具等服务的收费标准、服务数量等进行结算。在结算过程中，要加强对服务项目的核查工作，防止发生重复检查、故意延长住院时间等违反协议规定的行为。(3)服务单元结算方式。对采取服务单元结算方式的，可以诊断病种、门诊诊疗人次和住院床日等作为结算的服务单元。社会保险经办机构可以综合使用上述三种结算方式。

第四十九条 【工伤保险基金收支情况和费率调整建议】经办机构应当定期公布工伤保险基金的收支情况,及时向社会保险行政部门提出调整费率的建议。

条文注释

1. 公布工伤保险基金的收支情况

工伤保险基金的收支情况,关系每一个参加工伤保险的用人单位和职工的切身利益;社会保险经办机构在承办工伤保险工作过程中,应当将工伤保险基金的征收数额、支出数额、收支节余等收支情况定期向社会公布,接受社会各方面的监督。经办机构可以在每年的基金预算年度终止时公布基金的收支情况,也可以每年多次公布收支情况。公布的形式包括张贴公告书,在电视、报刊、网络等媒体上发布公告等。

2. 提出调整费率的建议

我国工伤保险费率实行行业差别费率和行业内浮动费率。国家根据不同行业的工伤风险程度确定行业的差别费率,并根据工伤保险费使用、工伤发生率等情况在每个行业内确定若干费率档次。行业差别费率及行业内费率档次由国务院社会保险行政部门制定,报国务院批准后公布施行。用人单位的缴费费率由统筹地区的经办机构根据该单位的工伤保险费使用、工伤发生率等情况,适用所在行业内相应的费率档次确定,并适时调整。国务院社会保险行政部门应当定期了解全国各统筹地区工伤保险基金收支情况,及时提出调整行业差别费率及行业内费率档次的方案,报国务院批准后公布施行。

社会保险经办机构具体负责工伤保险基金的收支业务,掌握用人单位工伤发生率、工伤保险基金使用情况等具体资料,应当将统筹地区工伤保险基金的收支情况、工伤发生率等情况如实向社会保险行政部门反映,及时提出调整工伤保险费率的建议。

第五十条 【社会保险行政部门、经办机构听取意见】社会保险行政部门、经办机构应当定期听取工伤职工、医疗机构、辅助器具配置机构以及社会各界对改进工伤保险工作的意见。

第五十一条 【社会保险有关部门的监督】社会保险行政部门依法对工伤保险费的征缴和工伤保险基金的支付情况进行监督检查。

财政部门和审计机关依法对工伤保险基金的收支、管理情况进行监督。

条文注释

本条例既调整参保单位、工伤职工、社会保险经办机构之间的关系,也要求作为政府主管工伤保险工作职能部门的社会保险行政部门对社会保险关系进行积极而合理的干预,对工伤保险费的征缴和工伤保险基金的支付情况依法进行监督检查:(1)对工伤保险费的征缴情况进行监督检查。《社会保险费征缴暂行条例》和《社会保险费征缴监督检查办法》规定了社会保险行政部门对社会保险费征缴情况的监督检查权限和程序。(2)对工伤保险基金的支付情况进行监督检查。社会保险行政部门在进行监督检查的过程中,必须遵守《行政处罚法》有关程序规定和《工伤保险条例》有关行政处罚权限的规定。

第五十二条 【群众监督】任何组织和个人对有关工伤保险的违法行为,有权举报。社会保险行政部门对举报应当及时调查,按照规定处理,并为举报人保密。

条文注释

群众监督是我国人民拥有和行使国家权力的重要表现形式。本条规定,任何组织和个人对有关工伤保险的违法行为,有权举报。任何组织和个人,是指除了社会保险行政部门、政府有关部门和工会组织外的社会组织和公民个人。举报,是指任何组织和个人对有关违反工伤保险的违法行为进行检举和控告的行为。有关工伤保险的违法行为,是指在工伤保险制度运行过程中征缴、管理等各个环节发生的违法行为。实践中,群众检举和控告的方式可以多种多样,如职工或其他个人通过口头或书面形式向有关部门检举和控告;报刊、广播、电视等媒体通过舆论提出要求,展开批评等。

第五十三条 【工会监督】工会组织依法维护工伤职工的合法权益,对用人单位的工伤保险工作实行监督。

条文注释

根据《劳动法》《工会法》等有关法律的规定,工会对用人单位的工伤保险工作实行监督主要有以下几种方式:

(1)通过平等协商和集体合同制度,协调劳动关系,维护职工工伤保险的合法权益。

(2)工会帮助、指导职工与企业以及实行企业化管理的事业单位签订劳动合同。工会代表职工与企业以及实行企业化管理的事业单位进行平等协商,签订集体合同。企业违反集体合同,侵犯职工劳动权益的,工会可以依法要求企业承担责任;因履行集体合同发生争议,经协商解决不成的,工会可以向劳动争议仲裁机构提请仲裁;仲裁机构不予受理或者对仲裁裁决不服的,可以向人民法院提起诉讼。

(3)企业单方面解除因工致残职工的劳动合同时,应当事先将解除理由通知工会;工会认为企业违反法律、法规和有关合同的,有权要求企业重新研究处理。

(4)督促和监督用人单位遵守工伤保险法律法规,督促用人单位按时足额缴纳工伤保险费,执行劳动合同和集体合同中有关工伤保险的条款。

(5)帮助、指导工伤职工办理工伤认定、劳动能力鉴定、申领工伤保险待遇等有关事项。用人单位未按规定提出工伤认定申请的,工会组织在事故伤害发生之日或者被诊断、鉴定为职业病之日起1年内，可以直接向用人单位所在地统筹地区社会保险行政部门提出工伤认定申请。工会组织有权派代表参加劳动能力鉴定委员会，代表工伤职工的利益参与劳动能力鉴定工作。

(6)用人单位违反工伤保险法律法规，侵犯职工工伤保险权益的，工会应当代表职工与单位交涉，要求单位采取措施予以纠正；用人单位拒不改正的，工会应当依法及时向社会保险行政部门等有关部门、社会保险经办机构和司法机关反映，并可以请求当地人民政府依法进行处理。

(7)职工认为单位侵犯其工伤保险权益而申请劳动争议仲裁或者向人民法院提起诉讼的，工会应当采取各种方式给予支持和帮助。

(8)工会有权对企业、事业单位侵犯职工工伤保险权益的问题进行调查，有关单位应当予以协助。

(9)职工因工伤亡事故和其他严重危害职工健康问题的调查处理，必须有工会参加。工会应当向有关部门提出处理意见，并有权要求追究直接负责的主管人员和有关责任人员的责任。对工会提出的意见，有关部门应当及时研究，给予答复。

第五十四条 【职工与用人单位之间的工伤待遇争议】职工与用人单位发生工伤待遇方面的争议，按照处理劳动争议的有关规定处理。

条文注释

本条是关于职工与用人单位发生工伤待遇争议的处理规定。职工与用人单位之间发生的工伤待遇方面的争议，属于劳动争议。争议的内容既包括用人单位没有按照规定向工伤职工提供待遇和工伤职工提出异议而产生的争议，也包括工伤职工与用人单位就应当执行本条例规定的哪项工伤待遇和标准而产生的争议。根据《劳动争议调解仲裁法》的规定，职工与用人单位发生工伤待遇方面的争议后，双方可以协商解决；不愿协商、协商不成或者达成和解协议后不履行的，可以向调解组织申请调解；不愿调解、调解不成或者达成调解协议后不履行的，可以向劳动争议仲裁委员会申请仲裁；对仲裁裁决不服的，除该法另有规定外，可以向人民法院提起诉讼。

第五十五条 【用人单位和个人与社会保险行政部门或者社会保险经办机构发生工伤保险争议】有下列情形之一的，有关单位或者个人可以依法申请行政复议，也可以依法向人民法院提起行政诉讼：

（一）申请工伤认定的职工或者其近亲属、该职工所在单位对工伤认定申请不予受理的决定不服的；

（二）申请工伤认定的职工或者其近亲属、该职工所在单位对工伤认定结论不服的；

（三）用人单位对经办机构确定的单位缴费费率不服的；

（四）签订服务协议的医疗机构、辅助器具配置机构认为经办机构未履行有关协议或者规定的；

（五）工伤职工或者其近亲属对经办机构核定的工伤保险待遇有异议的。

条文注释

依照《行政复议法》的规定，行政复议，是指公民、法人或者其他组织认为具体行政行为侵犯其合法权益，向行政复议机关提出申请，由复议机关受理、审查并作出决定的法律制度。依照《行政诉讼法》的规定，行政诉讼，是指公民、法人或者其他组织认为行政机关和行政机关工作人员或法律、法规、规章授权的组织的行政行为侵犯其合法权益，向人民法院起诉，人民法院对被诉行为进行审查并依法裁决的法律制度。

根据《行政复议法》和《行政诉讼法》的规定，申请工伤认定并对工伤认定申请不予受理的决定或认定结论不服的职工或者其近亲属、该职工所在单位，对缴费费率不服的单位，认为经办机构未履行服务协议或者规定的医疗机构、辅助器具配置机构，对经办机构核定的工伤保险待遇有异议的工伤职工或者其近亲属，都可以作为行政复议的申请人和行政诉讼的原告。作出有关决定或者核定的社会保险行政部门或者社会保险经办机构，则成为行政复议的被申请人和行政诉讼的被告。

第七章 法律责任

第五十六条 【挪用工伤保险基金行为的法律责任】单位或者个人违反本条例第十二条规定挪用工伤保险基金，构成犯罪的，依法追究刑事责任；尚不构成犯罪的，依法给予处分或者纪律处分。被挪用的基金由社会保险行政部门追回，并入工伤保险基金；没收的违法所得依法上缴国库。

条文注释

本条例第12条严格限定了基金的支出范围；规定工伤保险基金存入社会保障基金财政专户，用于支付本条例规定的工伤保险待遇，劳动能力鉴定，工伤预防的宣传、培训等费用，以及法律、法规规定的用于工伤保险的其他费用。为了防止工伤保险基金流失，本条例特别规定，禁止任何单位或者个人将基金用于投资运营、兴建或者改建办公场所、发放奖金或者挪作其他用途。因此，违反本条例第12条规定挪用基金构成犯罪的，要依法追究刑事责任；尚不构成犯罪的，依法给予行政处分或者纪律处分。

第五十七条 【社会保险行政部门工作人员违法、违纪应承担的法律责任】社会保险行政部门工作人员有下列情形之一的，依法给予处分；情节严重，构成犯罪的，依法追究刑事责任：

(一)无正当理由不受理工伤认定申请,或者弄虚作假将不符合工伤条件的人员认定为工伤职工的;

(二)未妥善保管申请工伤认定的证据材料,致使有关证据灭失的;

(三)收受当事人财物的。

第五十八条 【经办机构违反规定应承担的法律责任】经办机构有下列行为之一的,由社会保险行政部门责令改正,对直接负责的主管人员和其他责任人员依法给予纪律处分;情节严重,构成犯罪的,依法追究刑事责任;造成当事人经济损失的,由经办机构依法承担赔偿责任:

(一)未按规定保存用人单位缴费和职工享受工伤保险待遇情况记录的;

(二)不按规定核定工伤保险待遇的;

(三)收受当事人财物的。

条文注释

经办机构应承担相应责任的情形包括以下几个方面:

(1)经办机构未按规定保存用人单位缴费情况记录,是指由于经办机构的行为致使用人单位缴费情况记录遗失、缺损或者被涂改。这里既包括经办机构主观上出于故意而导致的行为,也包括由于过失导致的行为。

(2)经办机构未按规定保存职工享受工伤保险待遇情况记录。职工享受工伤保险待遇情况记录,包括职工申领工伤保险待遇的有关材料、记载职工实际领取各项工伤保险待遇的材料以及职工伤情变化、待遇相应变化情况、职工待遇调整情况等材料。

(3)经办机构不按规定核定工伤保险待遇,是指不按本条例规定的享受待遇的主体、项目和标准,职工享受待遇的时间、工资标准、待遇调整变化情况以及有关特别规定等核定工伤保险待遇。

(4)收受当事人的财物,包括收受当事人的现金、礼品、货款、酬金、有价证券等。收受当事人的财物数额较大的,可能构成受贿罪。

第五十九条 【医疗机构、辅助器具配置机构与经办机构的权利义务关系】医疗机构、辅助器具配置机构不按服务协议提供服务的,经办机构可以解除服务协议。

经办机构不按时足额结算费用的,由社会保险行政部门责令改正;医疗机构、辅助器具配置机构可以解除服务协议。

条文注释

根据《民法典》的有关规定,服务协议的当事人双方,即经办机构与医疗机构、辅助器具配置机构中任何一方发生根本违约行为的,另一方都有解除协议的权利。因此,本条规定,医疗机构、辅助器具配置机构不按服务协议提供服务的,经办机构可以解除服务协议。经办机构不按时足额结算费用的,由社会保险行政部门责令改正;医疗机构、辅助器具配置机构可以解除服务协议。此外,根据本条例第55条第4项的规定,签订服务协议的医疗机构、辅助器具配置机构认为经办机构未履行有关协议或者规定的,也可以依法申请行政复议或者向人民法院提起行政诉讼。

第六十条 【骗取工伤保险基金支出的处罚】用人单位、工伤职工或者其近亲属骗取工伤保险待遇,医疗机构、辅助器具配置机构骗取工伤保险基金支出的,由社会保险行政部门责令退还,处骗取金额2倍以上5倍以下的罚款;情节严重,构成犯罪的,依法追究刑事责任。

条文注释

本条是关于骗取工伤保险待遇和骗取工伤保险基金支出的处罚规定。工伤保险基金是专门用于救治和补偿工伤职工的一种社会保险基金,禁止任何组织和个人非法侵占工伤保险基金。用人单位、工伤职工或者其近亲属采取编造事实、提供虚假证明材料等手段骗取工伤保险待遇,以及医疗机构、辅助器具配置机构在提供医疗服务过程中采取虚报、谎报医疗费用等手段骗取工伤保险基金支出的,都属于以非法手段侵占工伤保险基金的行为,应当依法予以严惩。

第六十一条 【劳动能力鉴定组织或者个人的违法责任】 从事劳动能力鉴定的组织或者个人有下列情形之一的,由社会保险行政部门责令改正,处2000元以上1万元以下的罚款;情节严重,构成犯罪的,依法追究刑事责任:

(一)提供虚假鉴定意见的;

(二)提供虚假诊断证明的;

(三)收受当事人财物的。

条文注释

本条规定的责任主体是从事劳动能力鉴定的组织和个人。从事劳动能力鉴定的组织有两类:一是省级劳动能力鉴定委员会和设区的市级劳动能力鉴定委员会;二是接受劳动能力鉴定委员会的委托,协助进行有关诊断的医疗机构。从事劳动能力鉴定的个人,主要是指专家组或者受委托的医疗机构中从事鉴定工作的医疗卫生专业技术人员。

从事劳动能力鉴定的组织或者个人有以下三种情形之一的,应当依法承担法律责任:(1)提供虚假鉴定意见的;(2)提供虚假诊断证明的;(3)收受当事人财物的。"提供虚假鉴定意见",包括专家组出具的鉴定意见全部或者部分是编造的,事实与实际情况严重不符,出具鉴定意见的人员不具备专家资格,劳动能力鉴定委员会作出的鉴定结论没有经过专家组鉴定等情形。"提供虚假诊断证明",包括受委托的医疗机构及其医务人员出具的诊断证明,其对病情的诊断与实际情况严重不符,或者故意编造病情等情形。

第六十二条 【应参加而未参加工伤保险的用人单位的法律责任】用人单位依照本条例规定应当参加工伤保险而未参加的,由社会保险行政部门责令限期参加,补缴应当缴纳的工伤保险费,并自欠缴之日起,按日加收万分之五的滞纳金;逾期仍不缴纳的,处欠缴数额1倍以上3倍以下的罚款。

依照本条例规定应当参加工伤保险而未参加工伤保险的用人单位职工发生工伤的,由该用人单位按照本条例规定的工伤保险待遇项目和标准支付费用。

用人单位参加工伤保险并补缴应当缴纳的工伤保险费、滞纳金后,由工伤保险基金和用人单位依照本条例的规定支付新发生的费用。

条文注释

根据本条规定,用人单位应当承担的法律责任主要包括以下两个方面:(1)用人单位应当参加工伤保险而未参加的,由社会保险行政部门责令限期参加,补缴应当缴纳的工伤保险费,并自欠缴之日起按日加收万分之五的滞纳金;逾期仍不缴纳的,处欠缴数额1倍以上3倍以下的罚款。(2)应当参加工伤保险而未参加的用人单位职工发生工伤的,由该用人单位按照本条例规定的工伤保险待遇项目和标准支付费用。规定由未参保的用人单位支付全部工伤保险待遇,既可以避免工伤职工因单位未参保而导致其工伤损害得不到合理的救治和补偿,确保工伤职工按照国家规定的项目和标准享受工伤保险待遇,也能够促使用人单位积极参加工伤保险。当然,如果用人单位参加工伤保险并补缴应当缴纳的工伤保险费、滞纳金的,则应由工伤保险基金和用人单位依照本条例的规定分别支付新发生的费用。

第六十三条　【用人单位拒不协助调查核实事故的处罚】 用人单位违反本条例第十九条的规定，拒不协助社会保险行政部门对事故进行调查核实的，由社会保险行政部门责令改正，处 2000 元以上 2 万元以下的罚款。

第八章　附　　则

第六十四条　【相关名词解释】 本条例所称工资总额，是指用人单位直接支付给本单位全部职工的劳动报酬总额。

本条例所称本人工资，是指工伤职工因工作遭受事故伤害或者患职业病前 12 个月平均月缴费工资。本人工资高于统筹地区职工平均工资 300% 的，按照统筹地区职工平均工资的 300% 计算；本人工资低于统筹地区职工平均工资 60% 的，按照统筹地区职工平均工资的 60% 计算。

条文注释

本条是关于工资总额与本人工资的含义的规定。

1. 工资总额

工资总额，是指用人单位直接支付给本单位全部职工的劳动报酬总额。其支付的对象是全部职工：既包括正式在编职工，也包括各种临时用工，如农民工、临时工等。工资形式不仅限于岗位工资、基本工资，还包括津贴、奖金等各种收入形式。但是，职工的以下收入不属于工资范围：(1)单位支付给职工个人的社会保险福利费用，如丧葬抚恤费、生活困难补助费等；(2)劳动保护方面的费用，如用人单位支付给劳动者的工作服、解毒剂、清凉饮料费用等；(3)其他劳动收入，如根据国家规定发放的创造发明奖、自然科学奖以及稿费、讲课费、翻译费等。

2. 本人工资

根据本条规定,本人工资,是指工伤职工因工作遭受事故伤害或者患职业病前12个月平均月缴费工资。需要注意的是,在社会保险经办机构征收各项社会保险费和发放各种社会保险待遇时,都是以缴费工资作为计算依据的。因此,职工的本人工资指的是职工的月缴费工资,即由工伤保险费征缴部门核定的本人缴费工资。

第六十五条 【公务员和参公人员的工伤保险办法】公务员和参照公务员法管理的事业单位、社会团体的工作人员因工作遭受事故伤害或者患职业病的,由所在单位支付费用。具体办法由国务院社会保险行政部门会同国务院财政部门规定。

条文注释

本条是关于公务员和参照《公务员法》管理的事业单位、社会团体的工作人员发生工伤事故如何处理的规定。与企业相比,国家机关在工伤保险方面存在较大的特殊性:国家机关的经费由国家财政拨款,公务员发生工伤事故或者患职业病的概率也比较低。因此,本条例没有将国家机关纳入工伤保险统筹范围,不要求国家机关参加工伤保险。公务员因工作遭受事故伤害或者患职业病的,由所在单位支付费用,即实际上由国家财政支付费用。参照《公务员法》管理的事业单位和社会团体在工作性质、经费来源、工伤风险程序等方面与国家机关类似。因此,本条明确规定,公务员和参照《公务员法》管理的事业单位、社会团体的工作人员因工作遭受事故伤害或者患职业病的,由所在单位支付费用。具体办法由国务院社会保险行政部门会同国务院财政部门规定。

第六十六条 【工伤一次性赔偿及相关争议的解决途径】无营业执照或者未经依法登记、备案的单位以及被依法吊销营业执照或者撤销登记、备案的单位的职工受到事故伤害或者患职业病的,由该单位向伤残职工或者死亡职工的近亲属给予一次性赔偿,赔偿标准不得低于本条例规定的工伤保险待遇;用人单位不得使用童工,用人单位使用童工造成童工伤残、死亡的,由该单位向童工或者童工的近亲属给予一次性赔偿,赔偿标准不得低于本条例规定的工伤保险待遇。具体办法由国务院社会保险行政部门规定。

前款规定的伤残职工或者死亡职工的近亲属就赔偿数额与单位发生争议的,以及前款规定的童工或者童工的近亲属就赔偿数额与单位发生争议的,按照处理劳动争议的有关规定处理。

条文注释

根据本条规定,非法用工单位一次性赔偿适用于以下两种情形:

(1)无营业执照或者未经依法登记、备案的单位以及被依法吊销营业执照或者撤销登记、备案的单位的职工受到事故伤害或者患职业病的。属于这种情形的,由单位向伤残职工或者死亡职工的近亲属给予一次性赔偿。赔偿前,对工伤职工不进行工伤认定,但需要进行劳动能力鉴定,以便确定赔偿的标准。为充分保障工伤职工的合法权益,一次性赔偿的标准不得低于本条例规定的工伤保险待遇。

(2)用人单位使用童工,造成童工伤残、死亡的。"用人单位"包括合法的用人单位和非法的用工主体;只要是使用了童工并造成童工伤亡,都适用本条规定。一次性赔偿的标准也不得低于本条例规定的工伤保险待遇。

第六十七条 【施行日期】本条例自 2004 年 1 月 1 日起施行。本条例施行前已受到事故伤害或者患职业病的职工尚未完成工伤认定的,按照本条例的规定执行。

《工伤认定办法》
适用提要

2010年修订的《工伤认定办法》已经人力资源和社会保障部第56次部务会议通过,并于2010年12月31日公布,自2011年1月1日起施行。原劳动和社会保障部于2003年9月23日颁布的《工伤认定办法》同时废止。

新的《工伤认定办法》有以下亮点,这些亮点也是该办法的重要内容,现归纳如下:

第一,依照《工伤保险条例》的规定将工伤认定的行政职权划归了社会保险行政部门。

第二,将用人单位应当在工伤事故发生之日起30日内申报工伤的不可变期限改为,“遇有特殊情况,经报社会保险行政部门同意,申请时限可以适当延长”。

第三,将受伤害职工的近亲属、工会组织纳入了可提出工伤认定申请的范围。

第四,对提出工伤认定应当提交的材料作出了明确限定,限定为三项,极大地保护了劳动者的权益。劳动者或申请人只需提交《工伤认定申请表》及下列材料:(1)劳动、聘用合同文本复印件或者与用人单位存在劳动关系(包括事实劳动关系)、人事关系的其他证明材料;(2)医疗机构出具的受伤后诊断证明书或者职业病诊断证明书(或者职业病诊断鉴定书)。这种规定对于劳动者受伤后的弱势地位进行了法律层面的保护，简化了 2003 年《工伤认定办法》的烦琐要求。

第五，明确了用人单位在工伤认定中的举证责任。职工或者其近亲属认为是工伤，用人单位不认为是工伤的，由该用人单位承担举证责任。用人单位拒不举证的，社会保险行政部门可以根据受伤害职工提供的证据或者调查取得的证据，依法作出工伤认定决定。

第六，限定了工伤认定的时间期限。社会保险行政部门应当自受理工伤认定申请之日起 60 日内作出工伤认定决定。

第七，规定了工伤认定时限中止的情形，对 2003 年《工伤认定办法》中认定时限为不变期限进行了突破。社会保险行政部门受理工伤认定申请后，作出工伤认定决定需要以司法机关或者有关行政主管部门的结论为依据的，在司法机关或者有关行政主管部门尚未作出结论期间，作出工伤认定决定的时限中止，并书面通知申请人。

第八，制度上进行了创新，建立了快速处理认定工伤制度。社会保险行政部门对于事实清楚、权利义务明确的工伤认定申请，应当自受理工伤认定申请之日起 15 日内作出工伤认定决定。

第九，对有关档案的保存作出了明确规定。工伤认定结束后，社会保险行政部门应当将工伤认定的有关资料保存 50 年。

第十，加重了用人单位拒不协助社会保险行政部门对事故伤害进行调查核实的行政责任，可由社会保险行政部门责令改正，处 2000 元以上 2 万元以下的罚款。

工伤认定办法

（2010年12月31日人力资源和社会保障部令
第8号修订公布　自2011年1月1日起施行）

第一条　【立法目的和依据】为规范工伤认定程序，依法进行工伤认定，维护当事人的合法权益，根据《工伤保险条例》的有关规定，制定本办法。

条文注释

工伤认定是社会保险行政部门依据法律的授权，对职工因事故伤害或者患职业病是否属于工伤或者视同工伤给予定性的行政确认行为。本条对其立法目的和立法依据作了明确规定。

1.《工伤认定办法》的立法目的

本办法的立法目的主要包括以下两个方面：

(1)规范工伤认定程序，依法进行工伤认定。《工伤认定办法》主要是关于工伤认定程序的规定；有关工伤认定的实体内容，特别是工伤职工能否被认定为工伤的实质要件，主要是由《工伤保险条例》来规定的。《工伤认定办法》对涉及工伤认定的有关程序作了完整而详尽的规定，主要包括申请工伤认定的主体、时限、受理机关、提交的材料，工伤事故的调查核实，利害关系人的回避，工伤认定的举证责任，作出工伤认定决定的时限，不服工伤认定决定的救济途径等有关内容。这些内容涵盖了工伤认定程序的各个方面。《工伤认定办法》通过规范工伤认定程序,为社会保险行政部门依法进行工伤认定提供了法律依据。社会保险行政部门应当依照本办法的有关规定,及时、公正地开展工伤认定工作。

(2)维护当事人的合法权益。《工伤认定办法》为工伤认定设定了严格的程序,提出了严格的要求,就是为了促使社会保险行政部门和工伤事故当事人依法进行工伤认定,切实维护当事人的合法权益,确保将符合工伤条件的人员及时认定为工伤职工,不符合工伤条件的人员不会被违法认定为工伤职工。"当事人",既包括工伤职工,也包括用人单位。在工伤认定中,既要保护工伤职工的合法权益,也要保护用人单位的正当利益。

2.《工伤认定办法》的立法依据

《工伤认定办法》的立法依据是《工伤保险条例》。《工伤保险条例》不但对工伤认定的实体内容作了规定,还对有关申请工伤认定的主体、时限、受理部门,工伤认定申请应当提交的材料,工伤事故的调查核实及举证责任,以及工伤认定的时限和回避等程序性的内容作了规定。《工伤认定办法》依据《工伤保险条例》的有关规定,结合工伤认定工作的实际情况,对工伤认定的程序作了进一步细化,增强了可操作性。

第二条 【工伤认定机构】社会保险行政部门进行工伤认定按照本办法执行。

条文注释

本条是关于工伤认定机构的规定。工伤认定是一种行政行为,需要由有关的行政部门负责。《工伤保险条例》第 5 条第 1 款、第 2 款规定:"国务院社会保险行政部门负责全国的工伤保险工作。县级以上地方各级人民政府社会保险行政部门负责本行政区域内的工伤保险工作。"根据这一规定,工伤保险的主管部门是社会保险行政部门。同样地,工伤认定工作也应当由社会保险行政部门负责。因此,《工伤认定办法》将工伤认定的权力赋予了社会保险行政部门。目前,国务院社会保险行政部门是人力资源和社会保障部,地方社会保险行政部门是地方各级人力资源和社会保障厅、局。

第三条　【工伤认定原则】工伤认定应当客观公正、简捷方便,认定程序应当向社会公开。

条文注释

社会保险行政部门在进行工伤认定时,应当遵循以下三项原则:

1. 客观公正原则

客观原则要求社会保险行政部门在进行工伤认定时以当事人提交的证明材料为依据,并在认真调查核实的基础上作出工伤认定决定。具体包括:(1)社会保险行政部门在收到申请人提交的证明材料后,应当对材料的真实性、准确性进行认真审核,发现材料不完整的,应当以书面形式一次性告知申请人补正全部材料;(2)受理工伤认定申请后,根据需要对申请人提供的证据进行调查核实,进入事故现场,查阅有关资料,收集有关证据;(3)根据工伤职工提供的证据和调查取得的证据,依法作出工伤认定决定。

公正原则要求社会保险行政部门在进行工伤认定时应当公平、不偏不倚:既要保护工伤职工的合法权益,也要保护用人单位的正当利益。

2. 简捷方便原则

简捷方便原则要求社会保险行政部门在进行工伤认定时尽可能简化认定程序,方便当事人申请工伤认定,及时作出工伤认定决定。例如,申请人提交的材料不完整的,应当以书面形式一次性告知申请人需要补正的全部材料,不得分多次告知,以节省申请的时间。

3. 程序公开原则

为了便于当事人、利害关系人以及社会公众及时了解工伤认定的进展情况,接受社会监督,社会保险行政部门应当采取适当的方式,如张贴公告、发布消息等,将工伤认定程序和认定结果向社会公开。但涉及有关单位商业秘密或者个人隐私的,不得公开。

第四条 【用人单位申请工伤认定的时限和受理部门】职工发生事故伤害或者按照职业病防治法规定被诊断、鉴定为职业病，所在单位应当自事故伤害发生之日或者被诊断、鉴定为职业病之日起30日内，向统筹地区社会保险行政部门提出工伤认定申请。遇有特殊情况，经报社会保险行政部门同意，申请时限可以适当延长。

按照前款规定应当向省级社会保险行政部门提出工伤认定申请的，根据属地原则应当向用人单位所在地设区的市级社会保险行政部门提出。

条文注释

本条所称的“事故伤害发生之日”，既包括工伤事故发生之日，也包括事故导致的伤害结果实际发生之日。“被诊断、鉴定为职业病之日”，是指职业病诊断机构进行职业病诊断，向当事人出具职业病诊断证明书，或者职业病诊断鉴定委员会进行职业病诊断鉴定，向当事人出具职业病诊断鉴定书之日。

工伤认定是工伤保险待遇支付的前提条件。为了便于工作的衔接和加强管理，本办法规定工伤认定申请应当向统筹地区的社会保险行政部门提出。省级社会保险行政部门不宜直接承担工伤认定的具体工作；因此，应当向省级社会保险行政部门提出工伤认定申请的，根据属地原则应当向用人单位所在地设区的市级社会保险行政部门提出。用人单位所在地包括用人单位的注册地、主营业地等。

第五条 【工伤职工一方申请工伤认定的条件和时限】用人单位未在规定的时限内提出工伤认定申请的，受伤害职工或者其近亲属、工会组织在事故伤害发生之日或者被诊断、鉴定为职业病之日起1年内，可以直接按照本办法第四条规定提出工伤认定申请。

条文注释

根据本条规定，除用人单位外，以下几类主体也可以提出工伤认定申请：

(1)工伤职工或者其近亲属。申请工伤认定是获得工伤保险待遇的基本前提。用人单位在规定时限内没有提出工伤认定申请的，工伤职工当然可以提出申请。工伤职工的近亲属在受伤职工接受救治、无法办理工伤申请等情况下，也可以申请工伤认定。工伤职工的近亲属包括配偶、父母、子女、祖父母、外祖父母、孙子女、外孙子女、兄弟姐妹。

(2)工会组织。作为维护职工权益的专门性组织，工会组织也有权申请工伤认定。有权申请工伤认定的工会组织，包括工伤职工所在单位的工会组织以及符合《工会法》规定的各级工会组织。

第六条 【申请工伤认定的材料】提出工伤认定申请应当填写《工伤认定申请表》，并提交下列材料：

（一）劳动、聘用合同文本复印件或者与用人单位存在劳动关系（包括事实劳动关系）、人事关系的其他证明材料；

（二）医疗机构出具的受伤后诊断证明书或者职业病诊断证明书（或者职业病诊断鉴定书）。

条文注释

1. 工伤认定申请表

提出工伤认定申请应当填写《工伤认定申请表》。《工伤认定申请表》是由国务院社会保险行政部门统一制定的、用于申请工伤认定的基本材料。《工伤认定申请表》主要包括以下项目：职工姓名、性别、出生日期、家庭地址、工作单位、单位地址、职业、工种或者工作岗位、事故时间、地点及主要原因、诊断时间、受伤害部位、职业病名称、接触职业病危害岗位、接触职业病危害时间、受伤害经过简述、申请事项、用人单位意见、社会保险行政部门受理意见等。

2. 工伤职工与用人单位存在劳动关系、人事关系的证明材料

工伤职工与用人单位存在劳动、人事关系的证明主要是劳动合同或者聘用合同。没有劳动合同或者聘用合同的,应当提交用人单位签发的工作证、出入证、上岗证,与用人单位签订的聘书、协议书,以及工资报酬的领取证明、工友同事的书面证明等其他证明材料。

3. 医疗诊断证明或者职业病诊断证明

申请工伤认定时,申请人必须提供医疗机构出具的医疗诊断证明或者职业病诊断机构出具的职业病诊断证明,如职业病诊断证明书或者职业病诊断鉴定书。医师在出具有关医疗证明文件时应当签名,并对文件的真实性承担法律责任。对医疗机构出具的普通事故伤害的医疗诊断证明,社会保险行政部门可以根据审核需要对事故伤害进行调查核实。职业病诊断和诊断争议的鉴定,要按照《职业病防治法》规定的程序来严格执行;因此,对依法取得职业病诊断证明书或者职业病诊断鉴定书的,社会保险行政部门不再进行调查核实。

4. 其他证明材料

除上述材料外,根据工伤事故或者职业病的具体情况,申请人还要提供其他有关证明材料。属于下列情况的,应当提供相关的证明材料:(1)因履行工作职责受到暴力伤害的,提交公安机关或人民法院的判决书或者其他有效证明。(2)由于机动车事故引起的伤亡事故提出工伤认定的,提交公安交通管理等部门的责任认定书或者其他有效证明。(3)因工外出期间,由于工作原因受到伤害的,提交公安部门的证明或者其他证明;发生事故下落不明的,认定因工死亡,提交人民法院宣告死亡的结论。(4)在工作时间和工作岗位,突发疾病死亡或者在48小时之内经抢救无效死亡的,提交医疗机构的抢救和死亡证明。(5)属于抢险救灾等维护国家利益、公众利益活动中受到伤害的,按照法律法规的规定,提交有效证明。(6)属于因战、因公负伤致残的转业、复员军人,旧伤复发的,提交《革命伤残军人证》及医疗机构对旧伤复发的诊断证明。

第七条 【受理工伤认定申请的条件】工伤认定申请人提交的申请材料符合要求,属于社会保险行政部门管辖范围且在受理时限内的,社会保险行政部门应当受理。

条文注释

根据本条规定,社会保险行政部门受理工伤认定申请主要有以下三个条件:(1)工伤认定申请人提交的材料符合要求,主要是要符合材料完整性的要求,包括申请人按照要求完整填写了《工伤认定申请表》,提交了工伤职工与用人单位存在劳动关系、人事关系的证明材料,以及医疗诊断证明或者职业病诊断证明等。(2)属于社会保险行政部门的管辖范围。如果申请人向统筹地区以外的社会保险行政部门提出工伤认定申请,超出了该社会保险行政部门的管辖范围,则不予受理。(3)工伤认定申请在受理时限内。具体来讲,用人单位提出申请的,应当在事故伤害发生之日或者被诊断、鉴定为职业病之日起30日内;工伤职工或者其近亲属、工会组织提出申请的,应当在事故伤害发生之日或者被诊断、鉴定为职业病之日起的1年内。

第八条 【受理工伤认定申请的程序】社会保险行政部门收到工伤认定申请后,应当在15日内对申请人提交的材料进行审核,材料完整的,作出受理或者不予受理的决定;材料不完整的,应当以书面形式一次性告知申请人需要补正的全部材料。社会保险行政部门收到申请人提交的全部补正材料后,应当在15日内作出受理或者不予受理的决定。

社会保险行政部门决定受理的,应当出具《工伤认定申请受理决定书》;决定不予受理的,应当出具《工伤认定申请不予受理决定书》。

条文注释

1. 工伤认定申请的受理程序

(1)对申请材料的审核。社会保险行政部门收到工伤认定申请后,应当在15日内对申请人提交的材料进行审核。审核的重点是审查申请时间是否超过法定时限,劳动关系是否明确,身份证明、医疗诊断证明、病历等是否真实,申请材料是否齐全,证人证言、有关部门的证明等证据是否充分、格式是否符合要求。经审核,社会保险行政部门认为申请人提交的申请材料完整的,应当作出受理或者不予受理的决定。

(2)申请材料的补正。工伤认定申请人提供材料不完整的,社会保险行政部门应当一次性书面告知申请人需要补正的全部材料。社会保险行政部门收到申请人提交的全部补正材料后,应当在15日内作出受理或者不予受理的决定。申请人按照书面告知要求补正全部材料的,社会保险行政部门应当受理。

2. 出具受理或者不予受理决定书

社会保险行政部门决定受理的,应当出具《工伤认定申请受理决定书》;决定不予受理的,应当出具《工伤认定申请不予受理决定书》。《工伤认定申请受理决定书》和《工伤认定申请不予受理决定书》是由社会保险行政部门统一印制的,均为一式三份,社会保险行政部门、职工或者其近亲属、用人单位各留存一份。《工伤认定申请不予受理决定书》中还要注明申请人对决定不服的,可以在接到决定书之日起60日内向本级人民政府或者上一级社会保险行政部门申请行政复议,或者向人民法院提起行政诉讼。

第九条 【对证据调查核实】社会保险行政部门受理工伤认定申请后,可以根据需要对申请人提供的证据进行调查核实。

条文注释

本条是关于社会保险行政部门对申请人提供的证据进行调查

核实的原则性规定。工伤认定一般采取书面审查的方式,不进行实地调查核实。但是,有的工伤事故情况比较复杂,仅从申请人提供的材料中无法作出全面、准确的认定。在这种情况下,社会保险行政部门就需要对事故伤害所涉及的单位和个人进行直接的、面对面的调查核实,了解事故情况,获取有关证据。社会保险行政部门必须根据审核需要决定是否进行调查核实,并严格把握调查核实的次数。对申请人提供的符合国家有关规定的职业病诊断证明书和职业病诊断鉴定书,不再进行调查核实。对其他医疗诊断证明,大多也通过书面审理即可;确有必要调查核实的,可以进行调查核实。社会保险行政部门可以通过多种方式对申请材料的真实性、准确性进行调查核实。根据工作的需要,社会保险行政部门还可以委托其他统筹地区的社会保险行政部门或者其他相关部门进行调查核实。

第十条 【调查核实的具体要求】社会保险行政部门进行调查核实,应当由两名以上工作人员共同进行,并出示执行公务的证件。

条文注释

本条是对进行调查核实的工作人员的人数和出示证件的具体要求的规定。为了相互配合,协同做好调查核实工作,同时也为了相互监督,避免个别工作人员徇私舞弊,本办法规定,社会保险行政部门在进行调查核实时,应当由两名以上工作人员共同进行,不能由一名工作人员独自开展调查工作。同时,为了便于开展工作,取得有关单位和个人的协助、配合,社会保险行政部门的工作人员在进行调查核实时,应当出示执行公务的证件,包括工作证、社会保险行政部门出具的进行调查核实的证明文件、公函等。

第十一条 【调查核实的职权】社会保险行政部门工作人员在工伤认定中,可以进行以下调查核实工作:

(一)根据工作需要,进入有关单位和事故现场;

(二)依法查阅与工伤认定有关的资料,询问有关人员并作出调查笔录;

(三)记录、录音、录像和复制与工伤认定有关的资料。调查核实工作的证据收集参照行政诉讼证据收集的有关规定执行。

条文注释

1. 社会保险行政部门在进行调查核实工作中,可以行使的职权

(1)根据工作需要,进入有关单位和事故现场。一般来说,工伤案件有下列情形之一的,应当进入事故现场进行调查核实:一是事故职工死亡的;二是经补充证据后仍事实不清、证据不足的;三是工伤认定申请系由工伤职工、近亲属或工会组织一方提出,且与用人单位存在较大争议的;四是经书面审核认为存在较大疑点的。

(2)依法查阅与工伤认定有关的资料,询问有关人员。在询问有关人员时,需要对被调查人作笔录的,应当告知被调查人的权利、义务和提供虚假证词的后果。调查笔录经被调查人查看无误后签字确认并按指印,调查笔录格式由社会保险行政部门统一规定。

(3)记录、录音、录像和复制与工伤认定有关的资料。"复制"包括复印、使用移动存储介质进行拷贝等。

2. 调查核实工作中的证据收集

本条规定,调查核实工作的证据收集参照行政诉讼证据收集的有关规定执行。"参照行政诉讼证据收集的有关规定执行",是指参照《行政诉讼法》和 2002 年公布的《最高人民法院关于行政诉讼证据若干问题的规定》关于证据收集的有关规定执行。参照的具体内容主要包括调取证据的范围、调取证据的申请、调取决定的作出、委托调取、证据保全、鉴定书的审查和重新鉴定、现场勘验等方面。

在证据收集过程中,社会保险行政部门工作人员根据需要可以

调取以下证据:(1)与案件有关的书证、物证;(2)当事人对事实经过的陈述;(3)事故调查报告;(4)证人证言;(5)现场勘验记录;(6)权威机构对伤亡事故的结论性意见;(7)与伤亡事故有关的音像图文资料;(8)其他与伤亡事故有关的证明材料。

第十二条 【调查核实中的义务(一)】社会保险行政部门工作人员进行调查核实时,有关单位和个人应当予以协助。用人单位、工会组织、医疗机构以及有关部门应当负责安排相关人员配合工作,据实提供情况和证明材料。

条文注释

1. 承担协助义务的主体

承担协助义务的主体是有关单位和个人。"单位"包括用人单位、工会组织、医疗机构和有关部门,其中"有关部门"包括公安部门、公安交通管理部门、人民法院、民政部门等。"个人"包括工伤职工及其近亲属、工伤事故的其他当事人、用人单位的负责人及其他工作人员、有关证人等。

2. 有关单位承担协助义务的主要内容

社会保险行政部门工作人员进行调查核实时,用人单位、工会组织、医疗机构以及有关部门除应当安排相关人员配合工作外,还应当据实提供情况和证明材料,具体包括:

(1)用人单位应当提供以下情况和证明材料:一是用人单位及伤亡职工的基本情况和工伤保险参保情况;二是事故发生原因、经过和救援情况;三是职工受伤害情况和救治诊断情况;四是事故性质和责任的认定;五是事故的处理建议、防范和整改措施,等等。

(2)医疗机构应当提供抢救证明、职工受伤害的诊断证明书、病历以及死亡证明等。依法承担职业病诊断、鉴定的医疗机构应当提供职业病诊断证明书或者职业病诊断鉴定书。

(3)工会组织应当提供其所了解的工伤职工的基本情况和工伤事故的有关情况及证明材料。

(4)有关部门应当提供其出具和掌握的有关情况与证明材料。如公安交通管理部门应当提供道路交通事故认定书；人民法院应当提供有关判决书、调解书，职工被人民法院宣告死亡的，应当提供宣告结论；劳动能力鉴定机构应当提供职工旧伤复发的确认证明；民政部门应当提供职工抢险救灾、见义勇为的证明，等等。

第十三条 【确诊的职业病不再调查核实】社会保险行政部门在进行工伤认定时，对申请人提供的符合国家有关规定的职业病诊断证明书或者职业病诊断鉴定书，不再进行调查核实。职业病诊断证明书或者职业病诊断鉴定书不符合国家规定的要求和格式的，社会保险行政部门可以要求出具证据部门重新提供。

第十四条 【委托调查】社会保险行政部门受理工伤认定申请后，可以根据工作需要，委托其他统筹地区的社会保险行政部门或者相关部门进行调查核实。

第十五条 【调查核实中的义务(二)】社会保险行政部门工作人员进行调查核实时，应当履行下列义务：

(一)保守有关单位商业秘密以及个人隐私；

(二)为提供情况的有关人员保密。

条文注释

在调查核实的过程中，社会保险行政部门工作人员可能会知晓一些单位的商业秘密和个人隐私；为了保护这些单位和个人的合法权益，社会保险行政部门工作人员应当对该商业秘密和个人隐私予以严格保密。同时，为了保障提供情况人员的安全和利益，社会保险行政部门应为提供情况的人员保密，保证不向有关单位和个人泄露。“商业秘密”，是指技术秘密、商业情报及信息等，主要包括生产工艺、产品配方、贸易联系、购销渠道等当事人不愿公开的商业秘密。

“个人隐私”，是指自然人所拥有的与公共利益、群体利益无关的个人信息、私人活动和私有领域。

第十六条 【回避】社会保险行政部门工作人员与工伤认定申请人有利害关系的，应当回避。

第十七条 【举证责任】职工或者其近亲属认为是工伤，用人单位不认为是工伤的，由该用人单位承担举证责任。用人单位拒不举证的，社会保险行政部门可以根据受伤害职工提供的证据或者调查取得的证据，依法作出工伤认定决定。

条文注释

工伤认定实践中，工伤职工及其近亲属认为构成工伤，而用人单位基于种种原因不认为构成工伤，本办法明确规定在这种情况下，由用人单位承担举证责任。与仲裁、诉讼程序中“谁主张，谁举证”的原则相比，本办法采取的是举证责任倒置的原则。用人单位作为管理者，处于强势地位，职工对用人单位则具有依附性。许多文件如职工工资单等都由用人单位掌管，而工伤认定往往需要这些文件作为证明材料。如果要求职工个人承担举证责任，职工很可能由于无法得到这些文件而难以证明自己的主张。同时，工伤事故的发生都有一些特定的情况，需要有一定的专业知识、技术手段、资料乃至设备才能取得这方面的证据，要求劳动者提供证据也是不现实的。因此，规定由用人单位承担举证责任更为合理。在工伤认定过程中，用人单位要证明职工的事故伤亡不属于工伤，需要证明其事故伤害不是发生在工作时间，或者不是发生在工作场所，或者不是由于工作原因而发生。

承担举证责任的具体程序以及拒不举证的法律后果是：

(1)为了充分保障用人单位的举证权，社会保险行政部门在工伤认定的过程中，应当书面告知用人单位的举证义务、举证期限和不举证的不利后果，让用人单位知晓自己的举证责任和不举证的法律后果。

(2)用人单位收到社会保险行政部门的书面通知后,应当在指定期限内提出答复意见并提交相关证据,包括事故调查情况、书证、物证、音像资料等,说明不认为是工伤的理由和依据。

(3)用人单位拒不举证的,应当承担举证不能的不利后果。社会保险行政部门可以根据受伤害职工提供的证据或者经调查取得的证据,依法作出工伤认定决定。

第十八条 【工伤认定的时限和出具决定书】社会保险行政部门应当自受理工伤认定申请之日起60日内作出工伤认定决定,出具《认定工伤决定书》或者《不予认定工伤决定书》。

条文注释

1. 工伤认定的时限

社会保险行政部门受理工伤认定申请后,不能无限期拖延,应当从维护职工及其近亲属和用人单位合法权益的角度出发,自受理工伤认定申请之日起60日内作出工伤认定结论。"自受理工伤认定申请之日起",是指社会保险行政部门收到所有的工伤申请材料后起算。

2. 出具《认定工伤决定书》

职工有下列情形之一的,社会保险行政部门应当认定为工伤,出具《认定工伤决定书》:(1)在工作时间和工作场所内,因工作原因受到事故伤害的;(2)工作时间前后在工作场所内,从事与工作有关的预备性或者收尾性工作受到事故伤害的;(3)在工作时间和工作场所内,因履行工作职责受到暴力等意外伤害的;(4)患职业病的;(5)因工外出期间,由于工作原因受到伤害或者发生事故下落不明的;(6)在上下班途中,受到非本人主要责任的交通事故或者城市轨道交通、客运轮渡、火车事故伤害的;(7)法律、行政法规规定应当认定为工伤的其他情形。

职工有下列情形之一的,视同工伤,社会保险行政部门同样应当出具《认定工伤决定书》:(1)在工作时间和工作岗位,突发疾病死亡或者在48小时之内经抢救无效死亡的；(2)在抢险救灾等维护国家利益、公共利益活动中受到伤害的；(3)职工原在军队服役，因战、因公负伤致残，已取得革命伤残军人证，到用人单位后旧伤复发的。

3. 出具《不予认定工伤决定书》

(1)经审查，职工所受伤害不符合《工伤保险条例》第14、15条规定的认定工伤或者视同工伤的情形的，社会保险行政部门不予认定工伤或者视同工伤，应当出具《不予认定工伤决定书》。

(2)经审查，职工所受伤害符合《工伤保险条例》第14、15条规定的认定工伤或者视同工伤的情形，但是根据《工伤保险条例》第16条的规定，具有下列情形之一的，社会保险行政部门也不予认定工伤或者视同工伤，同样应当出具《不予认定工伤决定书》：①故意犯罪的；②醉酒或者吸毒的；③自残或者自杀的。

第十九条　【决定书的主要内容】《认定工伤决定书》应当载明下列事项：

（一）用人单位全称；

（二）职工的姓名、性别、年龄、职业、身份证号码；

（三）受伤害部位、事故时间和诊断时间或职业病名称、受伤害经过和核实情况、医疗救治的基本情况和诊断结论；

（四）认定工伤或者视同工伤的依据；

（五）不服认定决定申请行政复议或者提起行政诉讼的部门和时限；

（六）作出认定工伤或者视同工伤决定的时间。

《不予认定工伤决定书》应当载明下列事项：

（一）用人单位全称；

（二）职工的姓名、性别、年龄、职业、身份证号码；

（三）不予认定工伤或者不视同工伤的依据；

（四）不服认定决定申请行政复议或者提起行政诉讼的部门和时限；

（五）作出不予认定工伤或者不视同工伤决定的时间。

《认定工伤决定书》和《不予认定工伤决定书》应当加盖社会保险行政部门工伤认定专用印章。

第二十条 【工伤认定时限的中止】社会保险行政部门受理工伤认定申请后，作出工伤认定决定需要以司法机关或者有关行政主管部门的结论为依据的，在司法机关或者有关行政主管部门尚未作出结论期间，作出工伤认定决定的时限中止，并书面通知申请人。

第二十一条 【工伤认定简易程序】社会保险行政部门对于事实清楚、权利义务明确的工伤认定申请，应当自受理工伤认定申请之日起15日内作出工伤认定决定。

条文注释

根据本条规定，对于事实清楚、权利义务明确的工伤认定申请，应当适用简易程序。具体来讲，适用工伤认定简易程序一般应当同时符合以下几个条件：(1)申请人为受伤害职工所在的用人单位，双方对认定工伤没有争议；(2)用人单位已参加工伤保险并为职工按时足额缴纳工伤保险费；(3)申请材料齐全、事实比较清楚，职工受到的伤害符合《工伤保险条例》第14、15条规定的认定工伤或者视同工伤的情形之一，属于工伤认定范围；(4)职工受伤害部位明显，医疗诊断证明无争议。

第二十二条 【工伤认定决定的送达】社会保险行政部门应当自工伤认定决定作出之日起20日内，将《认定工伤决定书》或者《不予认定工伤决定书》送达受伤害职工（或者其近亲属）和用人单位，并抄送社会保险经办机构。

《认定工伤决定书》和《不予认定工伤决定书》的送达参照民事法律有关送达的规定执行。

条文注释

工伤认定决定应当直接送交受送达人。直接送达有困难的,可以采取邮寄送达、留置送达、公告送达等方式送达:(1)邮寄送达的,应当在案卷中留存邮寄回执,以回执上注明的收件日期为送达日期。(2)留置送达的,应当在送达回证上记明当事人拒收事由和日期,由送达人、见证人签名或者盖章,把工伤认定决定留在受送达人的住所,即视为送达。(3)公告送达的,自发出公告之日起,经过60日,即视为送达。公告送达应当在案卷中留存公告送达的资料,并记明原因和经过。

第二十三条　【工伤认定行政争议处理】职工或者其近亲属、用人单位对不予受理决定不服或者对工伤认定决定不服的,可以依法申请行政复议或者提起行政诉讼。

条文注释

1. 行政复议

(1)行政复议的申请人与被申请人。在工伤认定行政复议程序中,申请工伤认定并对认定结论不服的职工或者其近亲属、用人单位,属于行政复议的申请人。作出有关决定的社会保险行政部门属于行政复议的被申请人。

(2)行政复议机关。根据《行政复议法》的有关规定,职工或者其近亲属、用人单位对社会保险行政部门的具体行政行为不服的,可以向本级人民政府或者上一级社会保险行政部门申请行政复议。

(3)行政复议的申请期限。根据《行政复议法》第9条的规定,公民、法人或者其他组织认为具体行政行为侵犯其合法权益的,可以自知道该具体行政行为之日起60日内提出行政复议;但是法律规定的申请期限超过60日的除外。因不可抗力或者其他正当理由耽误法定申请期限的，申请期限自障碍消除之日起继续计算。

(4)行政复议的期限。根据《行政复议法》第31条第1款的规定，行政复议机关应当自受理申请之日起60日内作出行政复议决定；但是法律规定的行政复议期限少于60日的除外。情况复杂，不能在规定期限内作出行政复议决定的，经行政复议机关的负责人批准，可以适当延长；但是延长期限最多不超过30日。

2. 行政诉讼

(1)行政诉讼的原告与被告。在工伤认定行政诉讼中，提起行政诉讼的职工或者其近亲属、用人单位为原告，作出有关决定的社会保险行政部门为被告。

(2)行政诉讼的管辖。根据《行政诉讼法》第18条的规定，行政诉讼案件由最初作出行政行为的行政机关所在地人民法院管辖。经复议的案件，也可以由复议机关所在地人民法院管辖。

(3)行政诉讼的起诉期限。《行政诉讼法》第45条规定，行政复议申请人不服复议决定的，可以在收到复议决定书之日起15日内向人民法院提起诉讼。根据该法第46条的规定，公民、法人或者其他组织直接向人民法院提起诉讼的，应当自知道或者应当知道作出行政行为之日起6个月内提出。

3. 复议决定与法院裁判的效力

(1)复议决定的效力。根据《行政诉讼法》的规定，行政复议申请人对行政复议决定不服的，可以在收到复议决定书之日起15日内向人民法院起诉。根据《行政复议法》的规定，申请人逾期不起诉又不履行行政复议决定的，由复议机关或者作出具体行政行为的社会保险行政部门依法强制执行或者申请人民法院强制执行。

(2)法院裁判的效力。对人民法院发生法律效力的判决、裁定，当事人必须履行。当事人拒绝履行判决、裁定的，社会保险行政部门可以依法向第一审人民法院申请强制执行。

第二十四条 【工伤认定资料保存期限】工伤认定结束后，社会保险行政部门应当将工伤认定的有关资料保存50年。

条文注释

对于工伤认定的下列有关资料，应予保存：(1)《工伤认定申请表》；(2)工伤认定申请材料；(3)用人单位提交的举证材料；(4)社会保险行政部门调查取得的证据材料；(5)工伤认定补正材料通知书、受理通知书（不予受理通知书）、中止（恢复）通知书、限期举证通知书等程序性文书及送达回证；(6)《认定工伤决定书》《不予认定工伤决定书》及送达回证；(7)工伤认定中形成的电子文件、音像资料；(8)其他需要存档备查的材料。

第二十五条 【用人单位不协助调查核实的处罚】用人单位拒不协助社会保险行政部门对事故伤害进行调查核实的，由社会保险行政部门责令改正，处2000元以上2万元以下的罚款。

第二十六条 【工伤认定文书样式统一制定】本办法中的《工伤认定申请表》、《工伤认定申请受理决定书》、《工伤认定申请不予受理决定书》、《认定工伤决定书》、《不予认定工伤决定书》的样式由国务院社会保险行政部门统一制定。

第二十七条 【施行日期】本办法自2011年1月1日起施行。劳动和社会保障部2003年9月23日颁布的《工伤认定办法》同时废止。

附录

一、总　　则

中华人民共和国社会保险法(节录)

(2010 年 10 月 28 日第十一届全国人民代表大会常务委员会第十七次会议通过　根据 2018 年 12 月 29 日第十三届全国人民代表大会常务委员会第七次会议《关于修改〈中华人民共和国社会保险法〉的决定》修正)

第一章　总　　则

第一条　**【立法目的】**为了规范社会保险关系,维护公民参加社会保险和享受社会保险待遇的合法权益,使公民共享发展成果,促进社会和谐稳定,根据宪法,制定本法。

第二条　**【社会保险制度与权利】**国家建立基本养老保险、基本医疗保险、工伤保险、失业保险、生育保险等社会保险制度,保障公民在年老、疾病、工伤、失业、生育等情况下依法从国家和社会获得物质帮助的权利。

第三条　**【制度方针】**社会保险制度坚持广覆盖、保基本、多层次、可持续的方针,社会保险水平应当与经济社会发展水平相适应。

第四条　**【权利和义务】**中华人民共和国境内的用人单位和个人依法缴纳社会保险费,有权查询缴费记录、个人权益记录,要求社会保险经办机构提供社会保险咨询等相关服务。

个人依法享受社会保险待遇,有权监督本单位为其缴费情况。

第五条 【财政保障】县级以上人民政府将社会保险事业纳入国民经济和社会发展规划。

国家多渠道筹集社会保险资金。县级以上人民政府对社会保险事业给予必要的经费支持。

国家通过税收优惠政策支持社会保险事业。

第六条 【社保基金监督管理】国家对社会保险基金实行严格监管。

国务院和省、自治区、直辖市人民政府建立健全社会保险基金监督管理制度,保障社会保险基金安全、有效运行。

县级以上人民政府采取措施,鼓励和支持社会各方面参与社会保险基金的监督。

第七条 【职责分工】国务院社会保险行政部门负责全国的社会保险管理工作,国务院其他有关部门在各自的职责范围内负责有关的社会保险工作。

县级以上地方人民政府社会保险行政部门负责本行政区域的社会保险管理工作,县级以上地方人民政府其他有关部门在各自的职责范围内负责有关的社会保险工作。

第八条 【经办机构职责】社会保险经办机构提供社会保险服务,负责社会保险登记、个人权益记录、社会保险待遇支付等工作。

第九条 【工会职责】工会依法维护职工的合法权益,有权参与社会保险重大事项的研究,参加社会保险监督委员会,对与职工社会保险权益有关的事项进行监督。

第四章 工伤保险

第三十三条 【参保范围和缴费主体】职工应当参加工伤保险,由用人单位缴纳工伤保险费,职工不缴纳工伤保险费。

第三十四条 【费率确定】国家根据不同行业的工伤风险程度确定行业的差别费率,并根据使用工伤保险基金、工伤发生率等情况在每个行业内确定费率档次。行业差别费率和行业内费率档次由国务院社会保险行政部门制定,报国务院批准后公布施行。

社会保险经办机构根据用人单位使用工伤保险基金、工伤发生率和所属行业费率档次等情况,确定用人单位缴费费率。

第三十五条 【工伤保险费缴纳数额】用人单位应当按照本单位职工工资总额,根据社会保险经办机构确定的费率缴纳工伤保险费。

第三十六条 【享受工伤保险待遇的条件】职工因工作原因受到事故伤害或者患职业病,且经工伤认定的,享受工伤保险待遇;其中,经劳动能力鉴定丧失劳动能力的,享受伤残待遇。

工伤认定和劳动能力鉴定应当简捷、方便。

第三十七条 【不认定为工伤的情形】职工因下列情形之一导致本人在工作中伤亡的,不认定为工伤:

(一)故意犯罪;

(二)醉酒或者吸毒;

(三)自残或者自杀;

(四)法律、行政法规规定的其他情形。

第三十八条 【工伤保险基金支付的待遇】因工伤发生的下列费用,按照国家规定从工伤保险基金中支付:

(一)治疗工伤的医疗费用和康复费用;

(二)住院伙食补助费;

(三)到统筹地区以外就医的交通食宿费;

(四)安装配置伤残辅助器具所需费用;

(五)生活不能自理的,经劳动能力鉴定委员会确认的生活护理费;

(六)一次性伤残补助金和一至四级伤残职工按月领取的伤残津贴;

(七)终止或者解除劳动合同时,应当享受的一次性医疗补助金;

(八)因工死亡的,其遗属领取的丧葬补助金、供养亲属抚恤金和因工死亡补助金;

(九)劳动能力鉴定费。

第三十九条 【用人单位支付的待遇】因工伤发生的下列费用,按照国家规定由用人单位支付:

(一)治疗工伤期间的工资福利;

(二)五级、六级伤残职工按月领取的伤残津贴;

(三)终止或者解除劳动合同时,应当享受的一次性伤残就业补助金。

第四十条　【与职工基本养老保险的衔接】工伤职工符合领取基本养老金条件的，停发伤残津贴，享受基本养老保险待遇。基本养老保险待遇低于伤残津贴的，从工伤保险基金中补足差额。

第四十一条　【单位未缴费的工伤处理】职工所在用人单位未依法缴纳工伤保险费，发生工伤事故的，由用人单位支付工伤保险待遇。用人单位不支付的，从工伤保险基金中先行支付。

从工伤保险基金中先行支付的工伤保险待遇应当由用人单位偿还。用人单位不偿还的，社会保险经办机构可以依照本法第六十三条的规定追偿。

第四十二条　【第三人造成工伤的处理】由于第三人的原因造成工伤，第三人不支付工伤医疗费用或者无法确定第三人的，由工伤保险基金先行支付。工伤保险基金先行支付后，有权向第三人追偿。

第四十三条　【停止享受待遇的情形】工伤职工有下列情形之一的，停止享受工伤保险待遇：

（一）丧失享受待遇条件的；

（二）拒不接受劳动能力鉴定的；

（三）拒绝治疗的。

第七章　社会保险费征缴

第五十七条　【社会保险登记要求】用人单位应当自成立之日起三十日内凭营业执照、登记证书或者单位印章，向当地社会保险经办机构申请办理社会保险登记。社会保险经办机构应当自收到申请之日起十五日内予以审核，发给社会保险登记证件。

用人单位的社会保险登记事项发生变更或者用人单位依法终止的，应当自变更或者终止之日起三十日内，到社会保险经办机构办理变更或者注销社会保险登记。

市场监督管理部门、民政部门和机构编制管理机关应当及时向社会保险经办机构通报用人单位的成立、终止情况，公安机关应当及时向社会保险经办机构通报个人的出生、死亡以及户口登记、迁移、注销等情况。

第五十八条　【办理社会保险登记的不同情形】用人单位应当自用工之日起三十日内为其职工向社会保险经办机构申请办理社会保险登记。未办理社会保险登记的,由社会保险经办机构核定其应当缴纳的社会保险费。

自愿参加社会保险的无雇工的个体工商户、未在用人单位参加社会保险的非全日制从业人员以及其他灵活就业人员,应当向社会保险经办机构申请办理社会保险登记。

国家建立全国统一的个人社会保障号码。个人社会保障号码为公民身份号码。

第五十九条　【社会保险费征收】县级以上人民政府加强社会保险费的征收工作。

社会保险费实行统一征收,实施步骤和具体办法由国务院规定。

第六十条　【社会保险费的缴纳】用人单位应当自行申报、按时足额缴纳社会保险费,非因不可抗力等法定事由不得缓缴、减免。职工应当缴纳的社会保险费由用人单位代扣代缴,用人单位应当按月将缴纳社会保险费的明细情况告知本人。

无雇工的个体工商户、未在用人单位参加社会保险的非全日制从业人员以及其他灵活就业人员,可以直接向社会保险费征收机构缴纳社会保险费。

第六十一条　【按时足额征收】社会保险费征收机构应当依法按时足额征收社会保险费,并将缴费情况定期告知用人单位和个人。

第六十二条　【社会保险费的核定】用人单位未按规定申报应当缴纳的社会保险费数额的,按照该单位上月缴费额的百分之一百一十确定应当缴纳数额;缴费单位补办申报手续后,由社会保险费征收机构按照规定结算。

第六十三条　【未按时足额缴纳的行政处理】用人单位未按时足额缴纳社会保险费的,由社会保险费征收机构责令其限期缴纳或者补足。

用人单位逾期仍未缴纳或者补足社会保险费的,社会保险费征收机构可以向银行和其他金融机构查询其存款账户;并可以申请县级以上有关行政部门作出划拨社会保险费的决定,书面通知其开户银行或者其他金融机构划拨社会保险费。用人单位账户余额少于应当缴纳的社会保险费的,社会保险费征收机构可以要求该用人单位提供担保,签订延期缴费协议。

用人单位未足额缴纳社会保险费且未提供担保的,社会保险费征收机构可以申请人民法院扣押、查封、拍卖其价值相当于应当缴纳社会保险费的财产,以拍卖所得抵缴社会保险费。

第八章 社会保险基金

第六十四条 【基金财务管理和统筹层次】社会保险基金包括基本养老保险基金、基本医疗保险基金、工伤保险基金、失业保险基金和生育保险基金。除基本医疗保险基金与生育保险基金合并建账及核算外,其他各项社会保险基金按照社会保险险种分别建账,分账核算。社会保险基金执行国家统一的会计制度。

社会保险基金专款专用,任何组织和个人不得侵占或者挪用。

基本养老保险基金逐步实行全国统筹,其他社会保险基金逐步实行省级统筹,具体时间、步骤由国务院规定。

第六十五条 【基金的收支平衡和政府责任】社会保险基金通过预算实现收支平衡。

县级以上人民政府在社会保险基金出现支付不足时,给予补贴。

第六十六条 【基金预算】社会保险基金按照统筹层次设立预算。除基本医疗保险基金与生育保险基金预算合并编制外,其他社会保险基金预算按照社会保险项目分别编制。

第六十七条 【基金预算、决算程序】社会保险基金预算、决算草案的编制、审核和批准,依照法律和国务院规定执行。

第六十八条 【基金存入财政专户】社会保险基金存入财政专户,具体管理办法由国务院规定。

第六十九条 【基金的保值增值】社会保险基金在保证安全的前提下,按照国务院规定投资运营实现保值增值。

社会保险基金不得违规投资运营,不得用于平衡其他政府预算,不得用于兴建、改建办公场所和支付人员经费、运行费用、管理费用,或者违反法律、行政法规规定挪作其他用途。

第七十条 【基金信息公开】社会保险经办机构应当定期向社会公布参加社会保险情况以及社会保险基金的收入、支出、结余和收益情况。

第七十一条 【全国社会保障基金】国家设立全国社会保障基金,由中央财政预算拨款以及国务院批准的其他方式筹集的资金构成,用于社会保障支出的补充、调剂。全国社会保障基金由全国社会保障基金管理运营机构负责管理运营,在保证安全的前提下实现保值增值。

全国社会保障基金应当定期向社会公布收支、管理和投资运营的情况。国务院财政部门、社会保险行政部门、审计机关对全国社会保障基金的收支、管理和投资运营情况实施监督。

第九章　社会保险经办

第七十二条　【经办机构的设立和经费保障】统筹地区设立社会保险经办机构。社会保险经办机构根据工作需要,经所在地的社会保险行政部门和机构编制管理机关批准,可以在本统筹地区设立分支机构和服务网点。

社会保险经办机构的人员经费和经办社会保险发生的基本运行费用、管理费用,由同级财政按照国家规定予以保障。

第七十三条　【经办机构的管理制度和职责】社会保险经办机构应当建立健全业务、财务、安全和风险管理制度。

社会保险经办机构应当按时足额支付社会保险待遇。

第七十四条　【经办机构权利义务】社会保险经办机构通过业务经办、统计、调查获取社会保险工作所需的数据,有关单位和个人应当及时、如实提供。

社会保险经办机构应当及时为用人单位建立档案,完整、准确地记录参加社会保险的人员、缴费等社会保险数据,妥善保管登记、申报的原始凭证和支付结算的会计凭证。

社会保险经办机构应当及时、完整、准确地记录参加社会保险的个人缴费和用人单位为其缴费,以及享受社会保险待遇等个人权益记录,定期将个人权益记录单免费寄送本人。

用人单位和个人可以免费向社会保险经办机构查询、核对其缴费和享受社会保险待遇记录,要求社会保险经办机构提供社会保险咨询等相关服务。

第七十五条　【信息系统建设】全国社会保险信息系统按照国家统一规划,由县级以上人民政府按照分级负责的原则共同建设。

第十章　社会保险监督

第七十六条　【人大常委会监督】各级人民代表大会常务委员会听取和

审议本级人民政府对社会保险基金的收支、管理、投资运营以及监督检查情况的专项工作报告,组织对本法实施情况的执法检查等,依法行使监督职权。

第七十七条 【社会保险行政部门监督】县级以上人民政府社会保险行政部门应当加强对用人单位和个人遵守社会保险法律、法规情况的监督检查。

社会保险行政部门实施监督检查时,被检查的用人单位和个人应当如实提供与社会保险有关的资料,不得拒绝检查或者谎报、瞒报。

第七十八条 【财政部门、审计机关的监督】财政部门、审计机关按照各自职责,对社会保险基金的收支、管理和投资运营情况实施监督。

第七十九条 【社会保险行政部门的职责】社会保险行政部门对社会保险基金的收支、管理和投资运营情况进行监督检查,发现存在问题的,应当提出整改建议,依法作出处理决定或者向有关行政部门提出处理建议。社会保险基金检查结果应当定期向社会公布。

社会保险行政部门对社会保险基金实施监督检查,有权采取下列措施:

(一)查阅、记录、复制与社会保险基金收支、管理和投资运营相关的资料,对可能被转移、隐匿或者灭失的资料予以封存;

(二)询问与调查事项有关的单位和个人,要求其对与调查事项有关的问题作出说明、提供有关证明材料;

(三)对隐匿、转移、侵占、挪用社会保险基金的行为予以制止并责令改正。

第八十条 【社会保险监督委员会的监督】统筹地区人民政府成立由用人单位代表、参保人员代表,以及工会代表、专家等组成的社会保险监督委员会,掌握、分析社会保险基金的收支、管理和投资运营情况,对社会保险工作提出咨询意见和建议,实施社会监督。

社会保险经办机构应当定期向社会保险监督委员会汇报社会保险基金的收支、管理和投资运营情况。社会保险监督委员会可以聘请会计师事务所对社会保险基金的收支、管理和投资运营情况进行年度审计和专项审计。审计结果应当向社会公开。

社会保险监督委员会发现社会保险基金收支、管理和投资运营中存在问题的,有权提出改正建议;对社会保险经办机构及其工作人员的违法行为,有权向有关部门提出依法处理建议。

第八十一条　【信息保密责任】社会保险行政部门和其他有关行政部门、社会保险经办机构、社会保险费征收机构及其工作人员,应当依法为用人单位和个人的信息保密,不得以任何形式泄露。

第八十二条　【对违法行为的举报、投诉】任何组织或者个人有权对违反社会保险法律、法规的行为进行举报、投诉。

社会保险行政部门、卫生行政部门、社会保险经办机构、社会保险费征收机构和财政部门、审计机关对属于本部门、本机构职责范围的举报、投诉,应当依法处理;对不属于本部门、本机构职责范围的,应当书面通知并移交有权处理的部门、机构处理。有权处理的部门、机构应当及时处理,不得推诿。

第八十三条　【救济途径】用人单位或者个人认为社会保险费征收机构的行为侵害自己合法权益的,可以依法申请行政复议或者提起行政诉讼。

用人单位或者个人对社会保险经办机构不依法办理社会保险登记、核定社会保险费、支付社会保险待遇、办理社会保险转移接续手续或者侵害其他社会保险权益的行为,可以依法申请行政复议或者提起行政诉讼。

个人与所在用人单位发生社会保险争议的,可以依法申请调解、仲裁,提起诉讼。用人单位侵害个人社会保险权益的,个人也可以要求社会保险行政部门或者社会保险费征收机构依法处理。

第十一章　法律责任

第八十四条　【不办理登记的责任】用人单位不办理社会保险登记的,由社会保险行政部门责令限期改正;逾期不改正的,对用人单位处应缴社会保险费数额一倍以上三倍以下的罚款,对其直接负责的主管人员和其他直接责任人员处五百元以上三千元以下的罚款。

第八十五条　【不出具证明的责任】用人单位拒不出具终止或者解除劳动关系证明的,依照《中华人民共和国劳动合同法》的规定处理。

第八十六条　【未按时足额缴费的责任】用人单位未按时足额缴纳社会保险费的,由社会保险费征收机构责令限期缴纳或者补足,并自欠缴之日起,按日加收万分之五的滞纳金;逾期仍不缴纳的,由有关行政部门处欠缴数额一倍以上三倍以下的罚款。

第八十七条　【骗取基金支出的责任】社会保险经办机构以及医疗机

构、药品经营单位等社会保险服务机构以欺诈、伪造证明材料或者其他手段骗取社会保险基金支出的，由社会保险行政部门责令退回骗取的社会保险金，处骗取金额二倍以上五倍以下的罚款；属于社会保险服务机构的，解除服务协议；直接负责的主管人员和其他直接责任人员有执业资格的，依法吊销其执业资格。

第八十八条 【骗取保险待遇的责任】以欺诈、伪造证明材料或者其他手段骗取社会保险待遇的，由社会保险行政部门责令退回骗取的社会保险金，处骗取金额二倍以上五倍以下的罚款。

第八十九条 【经办机构的责任】社会保险经办机构及其工作人员有下列行为之一的，由社会保险行政部门责令改正；给社会保险基金、用人单位或者个人造成损失的，依法承担赔偿责任；对直接负责的主管人员和其他直接责任人员依法给予处分：

（一）未履行社会保险法定职责的；

（二）未将社会保险基金存入财政专户的；

（三）克扣或者拒不按时支付社会保险待遇的；

（四）丢失或者篡改缴费记录、享受社会保险待遇记录等社会保险数据、个人权益记录的；

（五）有违反社会保险法律、法规的其他行为的。

第九十条 【社会保险费征收机构的责任】社会保险费征收机构擅自更改社会保险费缴费基数、费率，导致少收或者多收社会保险费的，由有关行政部门责令其追缴应当缴纳的社会保险费或者退还不应当缴纳的社会保险费；对直接负责的主管人员和其他直接责任人员依法给予处分。

第九十一条 【侵占、挪用基金的责任】违反本法规定，隐匿、转移、侵占、挪用社会保险基金或者违规投资运营的，由社会保险行政部门、财政部门、审计机关责令追回；有违法所得的，没收违法所得；对直接负责的主管人员和其他直接责任人员依法给予处分。

第九十二条 【泄露信息的责任】社会保险行政部门和其他有关行政部门、社会保险经办机构、社会保险费征收机构及其工作人员泄露用人单位和个人信息的，对直接负责的主管人员和其他直接责任人员依法给予处分；给用人单位或者个人造成损失的，应当承担赔偿责任。

第九十三条 【国家工作人员的行政处分责任】国家工作人员在社会保

险管理、监督工作中滥用职权、玩忽职守、徇私舞弊的，依法给予处分。

第九十四条　【刑事责任】违反本法规定，构成犯罪的，依法追究刑事责任。

第十二章　附　　则

第九十五条　【进城务工农村居民的社会保险】进城务工的农村居民依照本法规定参加社会保险。

第九十六条　【被征地农民的社会保险】征收农村集体所有的土地，应当足额安排被征地农民的社会保险费，按照国务院规定将被征地农民纳入相应的社会保险制度。

第九十七条　【外国人参加社会保险】外国人在中国境内就业的，参照本法规定参加社会保险。

第九十八条　【施行日期】本法自 2011 年 7 月 1 日起施行。

人力资源和社会保障部关于执行《工伤保险条例》若干问题的意见

（2013 年 4 月 25 日　人社部发〔2013〕34 号）

各省、自治区、直辖市及新疆生产建设兵团人力资源社会保障厅（局）：

《国务院关于修改〈工伤保险条例〉的决定》（国务院令第 586 号）已经于 2011 年 1 月 1 日实施。为贯彻执行新修订的《工伤保险条例》，妥善解决实际工作中的问题，更好地保障职工和用人单位的合法权益，现提出如下意见。

一、《工伤保险条例》（以下简称《条例》）第十四条第（五）项规定的“因工外出期间”的认定,应当考虑职工外出是否属于用人单位指派的因工作外出,遭受的事故伤害是否因工作原因所致。

二、《条例》第十四条第(六)项规定的“非本人主要责任”的认定,应当以有关机关出具的法律文书或者人民法院的生效裁决为依据。

三、《条例》第十六条第(一)项“故意犯罪”的认定,应当以司法机关的生效法律文书或者结论性意见为依据。

四、《条例》第十六条第(二)项“醉酒或者吸毒”的认定,应当以有关机关出具的法律文书或者人民法院的生效裁决为依据。无法获得上述证据的,可以结合相关证据认定。

五、社会保险行政部门受理工伤认定申请后,发现劳动关系存在争议且无法确认的,应告知当事人可以向劳动人事争议仲裁委员会申请仲裁。在此期间,作出工伤认定决定的时限中止,并书面通知申请工伤认定的当事人。劳动关系依法确认后,当事人应将有关法律文书送交受理工伤认定申请的社会保险行政部门,该部门自收到生效法律文书之日起恢复工伤认定程序。

六、符合《条例》第十五条第(一)项情形的,职工所在用人单位原则上应自职工死亡之日起5个工作日内向用人单位所在统筹地区社会保险行政部门报告。

七、具备用工主体资格的承包单位违反法律、法规规定,将承包业务转包、分包给不具备用工主体资格的组织或者自然人,该组织或者自然人招用的劳动者从事承包业务时因工伤亡的,由该具备用工主体资格的承包单位承担用人单位依法应承担的工伤保险责任。

八、曾经从事接触职业病危害作业、当时没有发现罹患职业病、离开工作岗位后被诊断或鉴定为职业病的符合下列条件的人员,可以自诊断、鉴定为职业病之日起一年内申请工伤认定,社会保险行政部门应当受理:

(一)办理退休手续后,未再从事接触职业病危害作业的退休人员;

(二)劳动或聘用合同期满后或者本人提出而解除劳动或聘用合同后,未再从事接触职业病危害作业的人员。

经工伤认定和劳动能力鉴定,前款第(一)项人员符合领取一次性伤残补助金条件的,按就高原则以本人退休前12个月平均月缴费工资或者确诊职业病前12个月的月平均养老金为基数计发。前款第(二)项人员被鉴定为一级至十级伤残、按《条例》规定应以本人工资作为基数享受相关待遇的，按本人终止或者解除劳动、聘用合同前12个月平均月缴费工资计发。

九、按照本意见第八条规定被认定为工伤的职业病人员，职业病诊断证明书（或职业病诊断鉴定书）中明确的用人单位，在该职工从业期间依法为其缴纳工伤保险费的，按《条例》的规定，分别由工伤保险基金和用人单位支付工伤保险待遇；未依法为该职工缴纳工伤保险费的，由用人单位按照《条例》规定的相关项目和标准支付待遇。

十、职工在同一用人单位连续工作期间多次发生工伤的，符合《条例》第三十六、第三十七条规定领取相关待遇时，按照其在同一用人单位发生工伤的最高伤残级别，计发一次性伤残就业补助金和一次性工伤医疗补助金。

十一、依据《条例》第四十二条的规定停止支付工伤保险待遇的，在停止支付待遇的情形消失后，自下月起恢复工伤保险待遇，停止支付的工伤保险待遇不予补发。

十二、《条例》第六十二条第三款规定的"新发生的费用"，是指用人单位职工参加工伤保险前发生工伤的，在参加工伤保险后新发生的费用。

十三、由工伤保险基金支付的各项待遇应按《条例》相关规定支付，不得采取将长期待遇改为一次性支付的办法。

十四、核定工伤职工工伤保险待遇时，若上一年度相关数据尚未公布，可暂按前一年度的全国城镇居民人均可支配收入、统筹地区职工月平均工资核定和计发，待相关数据公布后再重新核定，社会保险经办机构或者用人单位予以补发差额部分。

本意见自发文之日起执行，此前有关规定与本意见不一致的，按本意见执行。执行中有重大问题，请及时报告我部。

人力资源社会保障部关于执行《工伤保险条例》若干问题的意见(二)

(2016年3月28日 人社部发〔2016〕29号)

各省、自治区、直辖市及新疆生产建设兵团人力资源社会保障厅(局):

为更好地贯彻执行新修订的《工伤保险条例》,提高依法行政能力和水平,妥善解决实际工作中的问题,保障职工和用人单位合法权益,现提出如下意见:

一、一级至四级工伤职工死亡,其近亲属同时符合领取工伤保险丧葬补助金、供养亲属抚恤金待遇和职工基本养老保险丧葬补助金、抚恤金待遇条件的,由其近亲属选择领取工伤保险或职工基本养老保险其中一种。

二、达到或超过法定退休年龄,但未办理退休手续或者未依法享受城镇职工基本养老保险待遇,继续在原用人单位工作期间受到事故伤害或患职业病的,用人单位依法承担工伤保险责任。

用人单位招用已经达到、超过法定退休年龄或已经领取城镇职工基本养老保险待遇的人员,在用工期间因工作原因受到事故伤害或患职业病的,如招用单位已按项目参保等方式为其缴纳工伤保险费的,应适用《工伤保险条例》。

三、《工伤保险条例》第六十二条规定的“新发生的费用”,是指用人单位参加工伤保险前发生工伤的职工,在参加工伤保险后新发生的费用。其中由工伤保险基金支付的费用,按不同情况予以处理:

(一)因工受伤的,支付参保后新发生的工伤医疗费、工伤康复费、住院伙食补助费、统筹地区以外就医交通食宿费、辅助器具配置费、生活护理费、一级至四级伤残职工伤残津贴,以及参保后解除劳动合同时的一次性工伤医

疗补助金;

(二)因工死亡的,支付参保后新发生的符合条件的供养亲属抚恤金。

四、职工在参加用人单位组织或者受用人单位指派参加其他单位组织的活动中受到事故伤害的,应当视为工作原因,但参加与工作无关的活动除外。

五、职工因工作原因驻外,有固定的住所、有明确的作息时间,工伤认定时按照在驻在地当地正常工作的情形处理。

六、职工以上下班为目的、在合理时间内往返于工作单位和居住地之间的合理路线,视为上下班途中。

七、用人单位注册地与生产经营地不在同一统筹地区的,原则上应在注册地为职工参加工伤保险;未在注册地参加工伤保险的职工,可由用人单位在生产经营地为其参加工伤保险。

劳务派遣单位跨地区派遣劳动者,应根据《劳务派遣暂行规定》参加工伤保险。建筑施工企业按项目参保的,应在施工项目所在地参加工伤保险。

职工受到事故伤害或者患职业病后,在参保地进行工伤认定、劳动能力鉴定,并按照参保地的规定依法享受工伤保险待遇;未参加工伤保险的职工,应当在生产经营地进行工伤认定、劳动能力鉴定,并按照生产经营地的规定依法由用人单位支付工伤保险待遇。

八、有下列情形之一的,被延误的时间不计算在工伤认定申请时限内。

(一)受不可抗力影响的;

(二)职工由于被国家机关依法采取强制措施等人身自由受到限制不能申请工伤认定的;

(三)申请人正式提交了工伤认定申请,但因社会保险机构未登记或者材料遗失等原因造成申请超时限的;

(四)当事人就确认劳动关系申请劳动仲裁或提起民事诉讼的;

(五)其他符合法律法规规定的情形。

九、《工伤保险条例》第六十七条规定的"尚未完成工伤认定的",是指在《工伤保险条例》施行前遭受事故伤害或被诊断鉴定为职业病,且在工伤认定申请法定时限内(从《工伤保险条例》施行之日起算)提出工伤认定申请,尚未做出工伤认定的情形。

十、因工伤认定申请人或者用人单位隐瞒有关情况或者提供虚假材料,导致工伤认定决定错误的，社会保险行政部门发现后，应当及时予以更正。

本意见自发文之日起执行，此前有关规定与本意见不一致的，按本意见执行。执行中有重大问题，请及时报告我部。

二、社会保险费

社会保险费征缴暂行条例

（1999年1月22日国务院令第259号发布 根据2019年3月24日国务院令第710号《关于修改部分行政法规的决定》修订）

第一章 总 则

第一条 为了加强和规范社会保险费征缴工作，保障社会保险金的发放，制定本条例。

第二条 基本养老保险费、基本医疗保险费、失业保险费（以下统称社会保险费）的征收、缴纳，适用本条例。

本条例所称缴费单位、缴费个人，是指依照有关法律、行政法规和国务院的规定，应当缴纳社会保险费的单位和个人。

第三条 基本养老保险费的征缴范围：国有企业、城镇集体企业、外商投资企业、城镇私营企业和其他城镇企业及其职工，实行企业化管理的事业单位及其职工。

基本医疗保险费的征缴范围：国有企业、城镇集体企业、外商投资企业、城镇私营企业和其他城镇企业及其职工，国家机关及其工作人员，事业单位及其职工，民办非企业单位及其职工，社会团体及其专职人员。

失业保险费的征缴范围：国有企业、城镇集体企业、外商投资企业、城镇私营企业和其他城镇企业及其职工，事业单位及其职工。

省、自治区、直辖市人民政府根据当地实际情况，可以规定将城镇个体工商户纳入基本养老保险、基本医疗保险的范围，并可以规定将社会团体及其专职人员、民办非企业单位及其职工以及有雇工的城镇个体工商户及其雇工纳入失业保险的范围。

社会保险费的费基、费率依照有关法律、行政法规和国务院的规定执行。

第四条 缴费单位、缴费个人应当按时足额缴纳社会保险费。

征缴的社会保险费纳入社会保险基金，专款专用，任何单位和个人不得挪用。

第五条 国务院劳动保障行政部门负责全国的社会保险费征缴管理和监督检查工作。县级以上地方各级人民政府劳动保障行政部门负责本行政区域内的社会保险费征缴管理和监督检查工作。

第六条 社会保险费实行三项社会保险费集中、统一征收。社会保险费的征收机构由省、自治区、直辖市人民政府规定，可以由税务机关征收，也可以由劳动保障行政部门按照国务院规定设立的社会保险经办机构（以下简称社会保险经办机构）征收。

第二章 征缴管理

第七条 缴费单位必须向当地社会保险经办机构办理社会保险登记，参加社会保险。

登记事项包括：单位名称、住所、经营地点、单位类型、法定代表人或者负责人、开户银行账号以及国务院劳动保障行政部门规定的其他事项。

第八条 企业在办理登记注册时，同步办理社会保险登记。

前款规定以外的缴费单位应当自成立之日起 30 日内，向当地社会保险经办机构申请办理社会保险登记。

第九条 缴费单位的社会保险登记事项发生变更或者缴费单位依法终止的，应当自变更或者终止之日起 30 日内，到社会保险经办机构办理变更或者注销社会保险登记手续。

第十条 缴费单位必须按月向社会保险经办机构申报应缴纳的社会保

险费数额，经社会保险经办机构核定后，在规定的期限内缴纳社会保险费。

缴费单位不按规定申报应缴纳的社会保险费数额的，由社会保险经办机构暂按该单位上月缴费数额的110%确定应缴数额；没有上月缴费数额的，由社会保险经办机构暂按该单位的经营状况、职工人数等有关情况确定应缴数额。缴费单位补办申报手续并按核定数额缴纳社会保险费后，由社会保险经办机构按照规定结算。

第十一条　省、自治区、直辖市人民政府规定由税务机关征收社会保险费的，社会保险经办机构应当及时向税务机关提供缴费单位社会保险登记、变更登记、注销登记以及缴费申报的情况。

第十二条　缴费单位和缴费个人应当以货币形式全额缴纳社会保险费。

缴费个人应当缴纳的社会保险费，由所在单位从其本人工资中代扣代缴。

社会保险费不得减免。

第十三条　缴费单位未按规定缴纳和代扣代缴社会保险费的，由劳动保障行政部门或者税务机关责令限期缴纳；逾期仍不缴纳的，除补缴欠缴数额外，从欠缴之日起，按日加收2‰的滞纳金。滞纳金并入社会保险基金。

第十四条　征收的社会保险费存入财政部门在国有商业银行开设的社会保障基金财政专户。

社会保险基金按照不同险种的统筹范围，分别建立基本养老保险基金、基本医疗保险基金、失业保险基金。各项社会保险基金分别单独核算。

社会保险基金不计征税、费。

第十五条　省、自治区、直辖市人民政府规定由税务机关征收社会保险费的，税务机关应当及时向社会保险经办机构提供缴费单位和缴费个人的缴费情况；社会保险经办机构应当将有关情况汇总，报劳动保障行政部门。

第十六条　社会保险经办机构应当建立缴费记录，其中基本养老保险、基本医疗保险并应当按照规定记录个人账户。社会保险经办机构负责保存缴费记录，并保证其完整、安全。社会保险经办机构应当至少每年向缴费个人发送一次基本养老保险、基本医疗保险个人账户通知单。

缴费单位、缴费个人有权按照规定查询缴费记录。

第三章　监督检查

第十七条　缴费单位应当每年向本单位职工公布本单位全年社会保险费缴纳情况，接受职工监督。

社会保险经办机构应当定期向社会公告社会保险费征收情况，接受社会监督。

第十八条　按照省、自治区、直辖市人民政府关于社会保险费征缴机构的规定，劳动保障行政部门或者税务机关依法对单位缴费情况进行检查时，被检查的单位应当提供与缴纳社会保险费有关的用人情况、工资表、财务报表等资料，如实反映情况，不得拒绝检查，不得谎报、瞒报。劳动保障行政部门或者税务机关可以记录、录音、录像、照相和复制有关资料；但是，应当为缴费单位保密。

劳动保障行政部门、税务机关的工作人员在行使前款所列职权时，应当出示执行公务证件。

第十九条　劳动保障行政部门或者税务机关调查社会保险费征缴违法案件时，有关部门、单位应当给予支持、协助。

第二十条　社会保险经办机构受劳动保障行政部门的委托，可以进行与社会保险费征缴有关的检查、调查工作。

第二十一条　任何组织和个人对有关社会保险费征缴的违法行为，有权举报。劳动保障行政部门或者税务机关对举报应当及时调查，按照规定处理，并为举报人保密。

第二十二条　社会保险基金实行收支两条线管理，由财政部门依法进行监督。

审计部门依法对社会保险基金的收支情况进行监督。

第四章　罚　　则

第二十三条　缴费单位未按照规定办理社会保险登记、变更登记或者注销登记，或者未按照规定申报应缴纳的社会保险费数额的，由劳动保障行政部门责令限期改正；情节严重的，对直接负责的主管人员和其他直接责任人员可以处1000元以上5000元以下的罚款；情节特别严重的，对直接负责的主管人员和其他直接责任人员可以处5000元以上10000元以下的罚款。

第二十四条 缴费单位违反有关财务、会计、统计的法律、行政法规和国家有关规定，伪造、变造、故意毁灭有关账册、材料，或者不设账册，致使社会保险费缴费基数无法确定的，除依照有关法律、行政法规的规定给予行政处罚、纪律处分、刑事处罚外，依照本条例第十条的规定征缴；迟延缴纳的，由劳动保障行政部门或者税务机关依照本条例第十三条的规定决定加收滞纳金，并对直接负责的主管人员和其他直接责任人员处5000元以上20000元以下的罚款。

第二十五条 缴费单位和缴费个人对劳动保障行政部门或者税务机关的处罚决定不服的，可以依法申请复议；对复议决定不服的，可以依法提起诉讼。

第二十六条 缴费单位逾期拒不缴纳社会保险费、滞纳金的，由劳动保障行政部门或者税务机关申请人民法院依法强制征缴。

第二十七条 劳动保障行政部门、社会保险经办机构或者税务机关的工作人员滥用职权、徇私舞弊、玩忽职守，致使社会保险费流失的，由劳动保障行政部门或者税务机关追回流失的社会保险费；构成犯罪的，依法追究刑事责任；尚不构成犯罪的，依法给予行政处分。

第二十八条 任何单位、个人挪用社会保险基金的，追回被挪用的社会保险基金；有违法所得的，没收违法所得，并入社会保险基金；构成犯罪的，依法追究刑事责任；尚不构成犯罪的，对直接负责的主管人员和其他直接责任人员依法给予行政处分。

第五章 附 则

第二十九条 省、自治区、直辖市人民政府根据本地实际情况，可以决定本条例适用于本行政区域内工伤保险费和生育保险费的征收、缴纳。

第三十条 税务机关、社会保险经办机构征收社会保险费，不得从社会保险基金中提取任何费用，所需经费列入预算，由财政拨付。

第三十一条 本条例自发布之日起施行。

部分行业企业工伤保险费缴纳办法

（2010年12月31日人力资源和社会保障部令第10号公布
自2011年1月1日起施行）

第一条 根据《工伤保险条例》第十条第三款的授权，制定本办法。

第二条 本办法所称的部分行业企业是指建筑、服务、矿山等行业中难以直接按照工资总额计算缴纳工伤保险费的建筑施工企业、小型服务企业、小型矿山企业等。

前款所称小型服务企业、小型矿山企业的划分标准可以参照《中小企业标准暂行规定》（国经贸中小企〔2003〕143号）执行。

第三条 建筑施工企业可以实行以建筑施工项目为单位，按照项目工程总造价的一定比例，计算缴纳工伤保险费。

第四条 商贸、餐饮、住宿、美容美发、洗浴以及文体娱乐等小型服务业企业以及有雇工的个体工商户，可以按照营业面积的大小核定应参保人数，按照所在统筹地区上一年度职工月平均工资的一定比例和相应的费率，计算缴纳工伤保险费；也可以按照营业额的一定比例计算缴纳工伤保险费。

第五条 小型矿山企业可以按照总产量、吨矿工资含量和相应的费率计算缴纳工伤保险费。

第六条 本办法中所列部分行业企业工伤保险费缴纳的具体计算办法，由省级社会保险行政部门根据本地区实际情况确定。

第七条 本办法自2011年1月1日起施行。

社会保险个人权益记录管理办法(节录)

(2011年6月29日人力资源和社会保障部令第14号公布
自2011年7月1日起施行)

第四章 查询和使用

第十四条 社会保险经办机构应当向参保人员及其用人单位开放社会保险个人权益记录查询程序,界定可供查询的内容,通过社会保险经办机构网点、自助终端或者电话、网站等方式提供查询服务。

第十五条 社会保险经办机构网点应当设立专门窗口向参保人员及其用人单位提供免费查询服务。

参保人员向社会保险经办机构查询本人社会保险个人权益记录的,需持本人有效身份证件;参保人员委托他人向社会保险经办机构查询本人社会保险个人权益记录的,被委托人需持书面委托材料和本人有效身份证件。需要书面查询结果或者出具本人参保缴费、待遇享受等书面证明的,社会保险经办机构应当按照规定提供。

参保用人单位凭有效证明文件可以向社会保险经办机构免费查询本单位缴费情况,以及职工在本单位工作期间涉及本办法第二条第一项、第二项相关内容。

第十六条 参保人员或者用人单位对社会保险个人权益记录存在异议时,可以向社会保险经办机构提出书面核查申请,并提供相关证明材料。社会保险经办机构应当进行复核,确实存在错误的,应当改正。

第十七条 人力资源社会保障行政部门、信息机构基于宏观管理、决策以及信息系统开发等目的,需要使用社会保险个人权益记录的,社会保险经办机构应当依据业务需求规定范围提供。非因依法履行工作职责需要的,所提供的内容不得包含可以直接识别个人身份的信息。

第十八条　有关行政部门、司法机关等因履行工作职责,依法需要查询社会保险个人权益记录的,社会保险经办机构依法按照规定的查询对象和记录项目提供查询。

第十九条　其他申请查询社会保险个人权益记录的单位,应当向社会保险经办机构提出书面申请。申请应当包括下列内容:

(一)申请单位的有效证明文件、单位名称、联系方式;

(二)查询目的和法律依据;

(三)查询的内容。

第二十条　社会保险经办机构收到依前条规定提出的查询申请后,应当进行审核,并按照下列情形分别作出处理:

(一)对依法应当予以提供的,按照规定程序提供;

(二)对无法律依据的,应当向申请人作出说明。

第二十一条　社会保险经办机构应当对除参保人员本人及其用人单位以外的其他单位查询社会保险个人权益记录的情况进行登记。

第二十二条　社会保险经办机构不得向任何单位和个人提供数据库全库交换或者提供超出规定查询范围的信息。

三、劳动能力鉴定

工伤职工劳动能力鉴定管理办法

（2014 年 2 月 20 日人力资源和社会保障部、国家卫生和计划生育委员会令第 21 号公布　根据 2018 年 12 月 14 日人力资源社会保障部令第 38 号《关于修改部分规章的决定》修正）

第一章　总　　则

第一条　为了加强劳动能力鉴定管理，规范劳动能力鉴定程序，根据《中华人民共和国社会保险法》、《中华人民共和国职业病防治法》和《工伤保险条例》，制定本办法。

第二条　劳动能力鉴定委员会依据《劳动能力鉴定　职工工伤与职业病致残等级》国家标准，对工伤职工劳动功能障碍程度和生活自理障碍程度组织进行技术性等级鉴定，适用本办法。

第三条　省、自治区、直辖市劳动能力鉴定委员会和设区的市级（含直辖市的市辖区、县，下同）劳动能力鉴定委员会分别由省、自治区、直辖市和设区的市级人力资源社会保障行政部门、卫生计生行政部门、工会组织、用人单位代表以及社会保险经办机构代表组成。

承担劳动能力鉴定委员会日常工作的机构，其设置方式由各地根据实际情况决定。

第四条　劳动能力鉴定委员会履行下列职责：

（一）选聘医疗卫生专家，组建医疗卫生专家库，对专家进行培训和管理；

（二）组织劳动能力鉴定；

（三）根据专家组的鉴定意见作出劳动能力鉴定结论；

（四）建立完整的鉴定数据库，保管鉴定工作档案 50 年；

（五）法律、法规、规章规定的其他职责。

第五条　设区的市级劳动能力鉴定委员会负责本辖区内的劳动能力初次鉴定、复查鉴定。

省、自治区、直辖市劳动能力鉴定委员会负责对初次鉴定或者复查鉴定结论不服提出的再次鉴定。

第六条　劳动能力鉴定相关政策、工作制度和业务流程应当向社会公开。

第二章　鉴定程序

第七条　职工发生工伤，经治疗伤情相对稳定后存在残疾、影响劳动能力的，或者停工留薪期满（含劳动能力鉴定委员会确认的延长期限），工伤职工或者其用人单位应当及时向设区的市级劳动能力鉴定委员会提出劳动能力鉴定申请。

第八条　申请劳动能力鉴定应当填写劳动能力鉴定申请表，并提交下列材料：

（一）《工伤认定决定书》原件；

（二）有效的诊断证明、按照医疗机构病历管理有关规定复印或者复制的检查、检验报告等完整病历材料；

（三）工伤职工的居民身份证或者社会保障卡等其他有效身份证明原件。

第九条　劳动能力鉴定委员会收到劳动能力鉴定申请后，应当及时对申请人提交的材料进行审核；申请人提供材料不完整的，劳动能力鉴定委员会应当自收到劳动能力鉴定申请之日起 5 个工作日内一次性书面告知申请人需要补正的全部材料。

申请人提供材料完整的，劳动能力鉴定委员会应当及时组织鉴定，并在收到劳动能力鉴定申请之日起 60 日内作出劳动能力鉴定结论。伤情复杂、涉及医疗卫生专业较多的，作出劳动能力鉴定结论的期限可以延长30日。

第十条 劳动能力鉴定委员会应当视伤情程度等从医疗卫生专家库中随机抽取3名或者5名与工伤职工伤情相关科别的专家组成专家组进行鉴定。

第十一条 劳动能力鉴定委员会应当提前通知工伤职工进行鉴定的时间、地点以及应当携带的材料。工伤职工应当按照通知的时间、地点参加现场鉴定。对行动不便的工伤职工，劳动能力鉴定委员会可以组织专家上门进行劳动能力鉴定。组织劳动能力鉴定的工作人员应当对工伤职工的身份进行核实。

工伤职工因故不能按时参加鉴定的，经劳动能力鉴定委员会同意，可以调整现场鉴定的时间，作出劳动能力鉴定结论的期限相应顺延。

第十二条 因鉴定工作需要，专家组提出应当进行有关检查和诊断的，劳动能力鉴定委员会可以委托具备资格的医疗机构协助进行有关的检查和诊断。

第十三条 专家组根据工伤职工伤情，结合医疗诊断情况，依据《劳动能力鉴定 职工工伤与职业病致残等级》国家标准提出鉴定意见。参加鉴定的专家都应当签署意见并签名。

专家意见不一致时，按照少数服从多数的原则确定专家组的鉴定意见。

第十四条 劳动能力鉴定委员会根据专家组的鉴定意见作出劳动能力鉴定结论。劳动能力鉴定结论书应当载明下列事项：

（一）工伤职工及其用人单位的基本信息；

（二）伤情介绍，包括伤残部位、器官功能障碍程度、诊断情况等；

（三）作出鉴定的依据；

（四）鉴定结论。

第十五条 劳动能力鉴定委员会应当自作出鉴定结论之日起20日内将劳动能力鉴定结论及时送达工伤职工及其用人单位，并抄送社会保险经办机构。

第十六条 工伤职工或者其用人单位对初次鉴定结论不服的，可以在收到该鉴定结论之日起15日内向省、自治区、直辖市劳动能力鉴定委员会申请再次鉴定。

申请再次鉴定，应当提供劳动能力鉴定申请表，以及工伤职工的居民身份证或者社会保障卡等有效身份证明原件。

省、自治区、直辖市劳动能力鉴定委员会作出的劳动能力鉴定结论为最终结论。

第十七条 自劳动能力鉴定结论作出之日起1年后，工伤职工、用人单位或者社会保险经办机构认为伤残情况发生变化的，可以向设区的市级劳动能力鉴定委员会申请劳动能力复查鉴定。

对复查鉴定结论不服的，可以按照本办法第十六条规定申请再次鉴定。

第十八条 工伤职工本人因身体等原因无法提出劳动能力初次鉴定、复查鉴定、再次鉴定申请的，可由其近亲属代为提出。

第十九条 再次鉴定和复查鉴定的程序、期限等按照本办法第九条至第十五条的规定执行。

第三章 监督管理

第二十条 劳动能力鉴定委员会应当每3年对专家库进行一次调整和补充，实行动态管理。确有需要的，可以根据实际情况适时调整。

第二十一条 劳动能力鉴定委员会选聘医疗卫生专家，聘期一般为3年，可以连续聘任。

聘任的专家应当具备下列条件：

（一）具有医疗卫生高级专业技术职务任职资格；

（二）掌握劳动能力鉴定的相关知识；

（三）具有良好的职业品德。

第二十二条 参加劳动能力鉴定的专家应当按照规定的时间、地点进行现场鉴定，严格执行劳动能力鉴定政策和标准，客观、公正地提出鉴定意见。

第二十三条 用人单位、工伤职工或者其近亲属应当如实提供鉴定需要的材料，遵守劳动能力鉴定相关规定，按照要求配合劳动能力鉴定工作。

工伤职工有下列情形之一的，当次鉴定终止：

（一）无正当理由不参加现场鉴定的；

（二）拒不参加劳动能力鉴定委员会安排的检查和诊断的。

第二十四条 医疗机构及其医务人员应当如实出具与劳动能力鉴定有关的各项诊断证明和病历材料。

第二十五条 劳动能力鉴定委员会组成人员、劳动能力鉴定工作人员以及参加鉴定的专家与当事人有利害关系的,应当回避。

第二十六条 任何组织或者个人有权对劳动能力鉴定中的违法行为进行举报、投诉。

第四章 法 律 责 任

第二十七条 劳动能力鉴定委员会和承担劳动能力鉴定委员会日常工作的机构及其工作人员在从事或者组织劳动能力鉴定时,有下列行为之一的,由人力资源社会保障行政部门或者有关部门责令改正,对直接负责的主管人员和其他直接责任人员依法给予相应处分;构成犯罪的,依法追究刑事责任:

(一)未及时审核并书面告知申请人需要补正的全部材料的;

(二)未在规定期限内作出劳动能力鉴定结论的;

(三)未按照规定及时送达劳动能力鉴定结论的;

(四)未按照规定随机抽取相关科别专家进行鉴定的;

(五)擅自篡改劳动能力鉴定委员会作出的鉴定结论的;

(六)利用职务之便非法收受当事人财物的;

(七)有违反法律法规和本办法的其他行为的。

第二十八条 从事劳动能力鉴定的专家有下列行为之一的,劳动能力鉴定委员会应当予以解聘;情节严重的,由卫生计生行政部门依法处理:

(一)提供虚假鉴定意见的;

(二)利用职务之便非法收受当事人财物的;

(三)无正当理由不履行职责的;

(四)有违反法律法规和本办法的其他行为的。

第二十九条 参与工伤救治、检查、诊断等活动的医疗机构及其医务人员有下列情形之一的,由卫生计生行政部门依法处理:

(一)提供与病情不符的虚假诊断证明的;

(二)篡改、伪造、隐匿、销毁病历材料的;

(三)无正当理由不履行职责的。

第三十条 以欺诈、伪造证明材料或者其他手段骗取鉴定结论、领取工伤保险待遇的，按照《中华人民共和国社会保险法》第八十八条的规定，由人力资源社会保障行政部门责令退回骗取的社会保险金，处骗取金额2倍以上5倍以下的罚款。

第五章　附　　则

第三十一条　未参加工伤保险的公务员和参照公务员法管理的事业单位、社会团体工作人员因工(公)致残的劳动能力鉴定，参照本办法执行。

第三十二条　本办法中的劳动能力鉴定申请表、初次(复查)鉴定结论书、再次鉴定结论书、劳动能力鉴定材料收讫补正告知书等文书基本样式由人力资源社会保障部制定。

第三十三条　本办法自2014年4月1日起施行。

四、工伤保险待遇

因工死亡职工供养亲属范围规定

(2003年9月23日劳动和社会保障部令第18号公布
自2004年1月1日起施行)

第一条　为明确因工死亡职工供养亲属范围，根据《工伤保险条例》第三十七条第一款第二项的授权，制定本规定。

第二条　本规定所称因工死亡职工供养亲属，是指该职工的配偶、子女、父母、祖父母、外祖父母、孙子女、外孙子女、兄弟姐妹。

本规定所称子女，包括婚生子女、非婚生子女、养子女和有抚养关系的继

子女,其中,婚生子女、非婚生子女包括遗腹子女;

本规定所称父母,包括生父母、养父母和有抚养关系的继父母;

本规定所称兄弟姐妹,包括同父母的兄弟姐妹、同父异母或者同母异父的兄弟姐妹、养兄弟姐妹、有抚养关系的继兄弟姐妹。

第三条 上条规定的人员,依靠因工死亡职工生前提供主要生活来源,并有下列情形之一的,可按规定申请供养亲属抚恤金:

(一)完全丧失劳动能力的;

(二)工亡职工配偶男年满60周岁、女年满55周岁的;

(三)工亡职工父母男年满60周岁、女年满55周岁的;

(四)工亡职工子女未满18周岁的;

(五)工亡职工父母均已死亡,其祖父、外祖父年满60周岁,祖母、外祖母年满55周岁的;

(六)工亡职工子女已经死亡或完全丧失劳动能力,其孙子女、外孙子女未满18周岁的;

(七)工亡职工父母均已死亡或完全丧失劳动能力,其兄弟姐妹未满18周岁的。

第四条 领取抚恤金人员有下列情形之一的,停止享受抚恤金待遇:

(一)年满18周岁且未完全丧失劳动能力的;

(二)就业或参军的;

(三)工亡职工配偶再婚的;

(四)被他人或组织收养的;

(五)死亡的。

第五条 领取抚恤金的人员,在被判刑收监执行期间,停止享受抚恤金待遇。刑满释放仍符合领取抚恤金资格的,按规定的标准享受抚恤金。

第六条 因工死亡职工供养亲属享受抚恤金待遇的资格,由统筹地区社会保险经办机构核定。

因工死亡职工供养亲属的劳动能力鉴定,由因工死亡职工生前单位所在地设区的市级劳动能力鉴定委员会负责。

第七条 本办法自2004年1月1日起施行。

非法用工单位伤亡人员一次性赔偿办法

（2010 年 12 月 31 日人力资源和社会保障部令第 9 号公布
自 2011 年 1 月 1 日起施行）

第一条 根据《工伤保险条例》第六十六条第一款的授权，制定本办法。

第二条 本办法所称非法用工单位伤亡人员，是指无营业执照或者未经依法登记、备案的单位以及被依法吊销营业执照或者撤销登记、备案的单位受到事故伤害或者患职业病的职工，或者用人单位使用童工造成的伤残、死亡童工。

前款所列单位必须按照本办法的规定向伤残职工或者死亡职工的近亲属、伤残童工或者死亡童工的近亲属给予一次性赔偿。

第三条 一次性赔偿包括受到事故伤害或者患职业病的职工或童工在治疗期间的费用和一次性赔偿金。一次性赔偿金数额应当在受到事故伤害或者患职业病的职工或童工死亡或者经劳动能力鉴定后确定。

劳动能力鉴定按照属地原则由单位所在地设区的市级劳动能力鉴定委员会办理。劳动能力鉴定费用由伤亡职工或童工所在单位支付。

第四条 职工或童工受到事故伤害或者患职业病，在劳动能力鉴定之前进行治疗期间的生活费按照统筹地区上年度职工月平均工资标准确定，医疗费、护理费、住院期间的伙食补助费以及所需的交通费等费用按照《工伤保险条例》规定的标准和范围确定，并全部由伤残职工或童工所在单位支付。

第五条 一次性赔偿金按照以下标准支付：

一级伤残的为赔偿基数的 16 倍，二级伤残的为赔偿基数的 14 倍，三级伤残的为赔偿基数的 12 倍，四级伤残的为赔偿基数的 10 倍，五级伤残的为赔偿基数的 8 倍，六级伤残的为赔偿基数的 6 倍，七级伤残的为赔偿基数的 4

倍,八级伤残的为赔偿基数的 3 倍,九级伤残的为赔偿基数的 2 倍,十级伤残的为赔偿基数的 1 倍。

前款所称赔偿基数,是指单位所在工伤保险统筹地区上年度职工年平均工资。

第六条 受到事故伤害或者患职业病造成死亡的,按照上一年度全国城镇居民人均可支配收入的 20 倍支付一次性赔偿金,并按照上一年度全国城镇居民人均可支配收入的 10 倍一次性支付丧葬补助等其他赔偿金。

第七条 单位拒不支付一次性赔偿的,伤残职工或者死亡职工的近亲属、伤残童工或者死亡童工的近亲属可以向人力资源和社会保障行政部门举报。经查证属实的,人力资源和社会保障行政部门应当责令该单位限期改正。

第八条 伤残职工或者死亡职工的近亲属、伤残童工或者死亡童工的近亲属就赔偿数额与单位发生争议的,按照劳动争议处理的有关规定处理。

第九条 本办法自 2011 年 1 月 1 日起施行。劳动和社会保障部 2003 年 9 月 23 日颁布的《非法用工单位伤亡人员一次性赔偿办法》同时废止。

社会保险基金先行支付暂行办法

(2011 年 6 月 29 日人力资源和社会保障部令第 15 号公布
根据 2018 年 12 月 14 日人力资源社会保障部令第 38 号
《关于修改部分规章的决定》修正)

第一条 为了维护公民的社会保险合法权益,规范社会保险基金先行支付管理,根据《中华人民共和国社会保险法》(以下简称社会保险法)和《工伤保险条例》,制定本办法。

第二条 参加基本医疗保险的职工或者居民(以下简称个人)由于第三

人的侵权行为造成伤病的，其医疗费用应当由第三人按照确定的责任大小依法承担。超过第三人责任部分的医疗费用，由基本医疗保险基金按照国家规定支付。

前款规定中应当由第三人支付的医疗费用，第三人不支付或者无法确定第三人的，在医疗费用结算时，个人可以向参保地社会保险经办机构书面申请基本医疗保险基金先行支付，并告知造成其伤病的原因和第三人不支付医疗费用或者无法确定第三人的情况。

第三条 社会保险经办机构接到个人根据第二条规定提出的申请后，经审核确定其参加基本医疗保险的，应当按照统筹地区基本医疗保险基金支付的规定先行支付相应部分的医疗费用。

第四条 个人由于第三人的侵权行为造成伤病被认定为工伤，第三人不支付工伤医疗费用或者无法确定第三人的，个人或者其近亲属可以向社会保险经办机构书面申请工伤保险基金先行支付，并告知第三人不支付或者无法确定第三人的情况。

第五条 社会保险经办机构接到个人根据第四条规定提出的申请后，应当审查个人获得基本医疗保险基金先行支付和其所在单位缴纳工伤保险费等情况，并按照下列情形分别处理：

（一）对于个人所在用人单位已经依法缴纳工伤保险费，且在认定工伤之前基本医疗保险基金有先行支付的，社会保险经办机构应当按照工伤保险有关规定，用工伤保险基金先行支付超出基本医疗保险基金先行支付部分的医疗费用，并向基本医疗保险基金退还先行支付的费用；

（二）对于个人所在用人单位已经依法缴纳工伤保险费，在认定工伤之前基本医疗保险基金无先行支付的，社会保险经办机构应当用工伤保险基金先行支付工伤医疗费用；

（三）对于个人所在用人单位未依法缴纳工伤保险费，且在认定工伤之前基本医疗保险基金有先行支付的，社会保险经办机构应当在3个工作日内向用人单位发出书面催告通知，要求用人单位在5个工作日内依法支付超出基本医疗保险基金先行支付部分的医疗费用，并向基本医疗保险基金偿还先行支付的医疗费用。用人单位在规定时间内不支付其余部分医疗费用的，社会保险经办机构应当用工伤保险基金先行支付；

（四）对于个人所在用人单位未依法缴纳工伤保险费，在认定工伤之前基本医疗保险基金无先行支付的，社会保险经办机构应当在3个工作日向用人单位发出书面催告通知，要求用人单位在5个工作日内依法支付全部工伤医疗费用；用人单位在规定时间内不支付的，社会保险经办机构应当用工伤保险基金先行支付。

第六条 职工所在用人单位未依法缴纳工伤保险费，发生工伤事故的，用人单位应当采取措施及时救治，并按照规定的工伤保险待遇项目和标准支付费用。

职工被认定为工伤后，有下列情形之一的，职工或者其近亲属可以持工伤认定决定书和有关材料向社会保险经办机构书面申请先行支付工伤保险待遇：

（一）用人单位被依法吊销营业执照或者撤销登记、备案的；

（二）用人单位拒绝支付全部或者部分费用的；

（三）依法经仲裁、诉讼后仍不能获得工伤保险待遇，法院出具中止执行文书的；

（四）职工认为用人单位不支付的其他情形。

第七条 社会保险经办机构收到职工或者其近亲属根据第六条规定提出的申请后，应当在3个工作日内向用人单位发出书面催告通知，要求其在5个工作日内予以核实并依法支付工伤保险待遇，告知其如在规定期限内不按时足额支付的，工伤保险基金在按照规定先行支付后，取得要求其偿还的权利。

第八条 用人单位未按照第七条规定按时足额支付的，社会保险经办机构应当按照社会保险法和《工伤保险条例》的规定，先行支付工伤保险待遇项目中应当由工伤保险基金支付的项目。

第九条 个人或者其近亲属提出先行支付医疗费用、工伤医疗费用或者工伤保险待遇申请，社会保险经办机构经审核不符合先行支付条件的，应当在收到申请后5个工作日内作出不予先行支付的决定，并书面通知申请人。

第十条 个人申请先行支付医疗费用、工伤医疗费用或者工伤保险待遇的，应当提交所有医疗诊断、鉴定等费用的原始票据等证据。社会保险经办机构应当保留所有原始票据等证据，要求申请人在先行支付凭据上签字确认，凭原始票据等证据先行支付医疗费用、工伤医疗费用或者工伤保险待遇。

个人因向第三人或者用人单位请求赔偿需要医疗费用、工伤医疗费用或者工伤保险待遇的原始票据等证据的，可以向社会保险经办机构索取复印件，并将第三人或者用人单位赔偿情况及时告知社会保险经办机构。

第十一条 个人已经从第三人或者用人单位处获得医疗费用、工伤医疗费用或者工伤保险待遇的，应当主动将先行支付金额中应当由第三人承担的部分或者工伤保险基金先行支付的工伤保险待遇退还给基本医疗保险基金或者工伤保险基金，社会保险经办机构不再向第三人或者用人单位追偿。

个人拒不退还的，社会保险经办机构可以从以后支付的相关待遇中扣减其应当退还的数额，或者向人民法院提起诉讼。

第十二条 社会保险经办机构按照本办法第三条规定先行支付医疗费用或者按照第五条第一项、第二项规定先行支付工伤医疗费用后，有关部门确定了第三人责任的，应当要求第三人按照确定的责任大小依法偿还先行支付数额中的相应部分。第三人逾期不偿还的，社会保险经办机构应当依法向人民法院提起诉讼。

第十三条 社会保险经办机构按照本办法第五条第三项、第四项和第六条、第七条、第八条的规定先行支付工伤保险待遇后，应当责令用人单位在10日内偿还。

用人单位逾期不偿还的，社会保险经办机构可以按照社会保险法第六十三条的规定，向银行和其他金融机构查询其存款账户，申请县级以上社会保险行政部门作出划拨应偿还款项的决定，并书面通知用人单位开户银行或者其他金融机构划拨其应当偿还的数额。

用人单位账户余额少于应当偿还数额的，社会保险经办机构可以要求其提供担保，签订延期还款协议。

用人单位未按时足额偿还且未提供担保的，社会保险经办机构可以申请人民法院扣押、查封、拍卖其价值相当于应当偿还数额的财产，以拍卖所得偿还所欠数额。

第十四条 社会保险经办机构向用人单位追偿工伤保险待遇发生的合理费用以及用人单位逾期偿还部分的利息损失等，应当由用人单位承担。

第十五条 用人单位不支付依法应当由其支付的工伤保险待遇项目的，职工可以依法申请仲裁、提起诉讼。

第十六条 个人隐瞒已经从第三人或者用人单位处获得医疗费用、工伤医疗费用或者工伤保险待遇，向社会保险经办机构申请并获得社会保险基金先行支付的，按照社会保险法第八十八条的规定处理。

第十七条　用人单位对社会保险经办机构作出先行支付的追偿决定不服或者对社会保险行政部门作出的划拨决定不服的，可以依法申请行政复议或者提起行政诉讼。

个人或者其近亲属对社会保险经办机构作出不予先行支付的决定不服或者对先行支付的数额不服的，可以依法申请行政复议或者提起行政诉讼。

第十八条　本办法自2011年7月1日起施行。

五、纠 纷 处 理

中华人民共和国劳动争议调解仲裁法

（2007年12月29日第十届全国人民代表大会常务委员会第三十一次会议通过　2007年12月29日中华人民共和国主席令第80号公布　自2008年5月1日起施行）

目　　录

第一章　总　　则

第一条　【立法目的】为了公正及时解决劳动争议，保护当事人合法权益，促进劳动关系和谐稳定，制定本法。

第二条　【调整范围】中华人民共和国境内的用人单位与劳动者发生的下列劳动争议，适用本法：

（一）因确认劳动关系发生的争议；

（二）因订立、履行、变更、解除和终止劳动合同发生的争议；

（三）因除名、辞退和辞职、离职发生的争议；

（四）因工作时间、休息休假、社会保险、福利、培训以及劳动保护发生的争议；

（五）因劳动报酬、工伤医疗费、经济补偿或者赔偿金等发生的争议；

（六）法律、法规规定的其他劳动争议。

第三条　【劳动争议处理的原则】解决劳动争议，应当根据事实，遵循合法、公正、及时、着重调解的原则，依法保护当事人的合法权益。

第四条　【劳动争议当事人的协商和解】发生劳动争议，劳动者可以与用人单位协商，也可以请工会或者第三方共同与用人单位协商，达成和解协议。

第五条　【劳动争议处理的基本程序】发生劳动争议，当事人不愿协商、协商不成或者达成和解协议后不履行的，可以向调解组织申请调解；不愿调解、调解不成或者达成调解协议后不履行的，可以向劳动争议仲裁委员会申请仲裁；对仲裁裁决不服的，除本法另有规定的外，可以向人民法院提起诉讼。

第六条　【举证责任】发生劳动争议，当事人对自己提出的主张，有责任提供证据。与争议事项有关的证据属于用人单位掌握管理的，用人单位应当提供；用人单位不提供的，应当承担不利后果。

第七条　【劳动争议处理的代表人制度】发生劳动争议的劳动者一方在十人以上，并有共同请求的，可以推举代表参加调解、仲裁或者诉讼活动。

第八条　【劳动争议处理的协调劳动关系三方机制】县级以上人民政府

劳动行政部门会同工会和企业方面代表建立协调劳动关系三方机制，共同研究解决劳动争议的重大问题。

第九条　【劳动监察】用人单位违反国家规定，拖欠或者未足额支付劳动报酬，或者拖欠工伤医疗费、经济补偿或者赔偿金的，劳动者可以向劳动行政部门投诉，劳动行政部门应当依法处理。

第二章　调　　解

第十条　【调解组织】发生劳动争议，当事人可以到下列调解组织申请调解：

（一）企业劳动争议调解委员会；

（二）依法设立的基层人民调解组织；

（三）在乡镇、街道设立的具有劳动争议调解职能的组织。

企业劳动争议调解委员会由职工代表和企业代表组成。职工代表由工会成员担任或者由全体职工推举产生，企业代表由企业负责人指定。企业劳动争议调解委员会主任由工会成员或者双方推举的人员担任。

第十一条　【担任调解员的条件】劳动争议调解组织的调解员应当由公道正派、联系群众、热心调解工作，并具有一定法律知识、政策水平和文化水平的成年公民担任。

第十二条　【调解申请】当事人申请劳动争议调解可以书面申请，也可以口头申请。口头申请的，调解组织应当当场记录申请人基本情况、申请调解的争议事项、理由和时间。

第十三条　【调解方式】调解劳动争议，应当充分听取双方当事人对事实和理由的陈述，耐心疏导，帮助其达成协议。

第十四条　【调解协议】经调解达成协议的，应当制作调解协议书。

调解协议书由双方当事人签名或者盖章，经调解员签名并加盖调解组织印章后生效，对双方当事人具有约束力，当事人应当履行。

自劳动争议调解组织收到调解申请之日起十五日内未达成调解协议的，当事人可以依法申请仲裁。

第十五条　【申请仲裁】达成调解协议后，一方当事人在协议约定期限内不履行调解协议的，另一方当事人可以依法申请仲裁。

第十六条　【支付令】因支付拖欠劳动报酬、工伤医疗费、经济补偿或者赔偿金事项达成调解协议，用人单位在协议约定期限内不履行的，劳动者可以持调解协议书依法向人民法院申请支付令。人民法院应当依法发出支付令。

第三章　仲　　裁

第一节　一般规定

第十七条　【劳动争议仲裁委员会设立】劳动争议仲裁委员会按照统筹规划、合理布局和适应实际需要的原则设立。省、自治区人民政府可以决定在市、县设立；直辖市人民政府可以决定在区、县设立。直辖市、设区的市也可以设立一个或者若干个劳动争议仲裁委员会。劳动争议仲裁委员会不按行政区划层层设立。

第十八条　【制定仲裁规则及指导劳动争议仲裁工作】国务院劳动行政部门依照本法有关规定制定仲裁规则。省、自治区、直辖市人民政府劳动行政部门对本行政区域的劳动争议仲裁工作进行指导。

第十九条　【劳动争议仲裁委员会组成及职责】劳动争议仲裁委员会由劳动行政部门代表、工会代表和企业方面代表组成。劳动争议仲裁委员会组成人员应当是单数。

劳动争议仲裁委员会依法履行下列职责：

（一）聘任、解聘专职或者兼职仲裁员；

（二）受理劳动争议案件；

（三）讨论重大或者疑难的劳动争议案件；

（四）对仲裁活动进行监督。

劳动争议仲裁委员会下设办事机构，负责办理劳动争议仲裁委员会的日常工作。

第二十条　【仲裁员资格条件】劳动争议仲裁委员会应当设仲裁员名册。

仲裁员应当公道正派并符合下列条件之一：

（一）曾任审判员的；

（二）从事法律研究、教学工作并具有中级以上职称的；

（三）具有法律知识、从事人力资源管理或者工会等专业工作满五年的；

（四）律师执业满三年的。

第二十一条 【仲裁管辖】劳动争议仲裁委员会负责管辖本区域内发生的劳动争议。

劳动争议由劳动合同履行地或者用人单位所在地的劳动争议仲裁委员会管辖。双方当事人分别向劳动合同履行地和用人单位所在地的劳动争议仲裁委员会申请仲裁的，由劳动合同履行地的劳动争议仲裁委员会管辖。

第二十二条 【仲裁案件当事人】发生劳动争议的劳动者和用人单位为劳动争议仲裁案件的双方当事人。

劳务派遣单位或者用工单位与劳动者发生劳动争议的，劳务派遣单位和用工单位为共同当事人。

第二十三条 【仲裁案件第三人】与劳动争议案件的处理结果有利害关系的第三人，可以申请参加仲裁活动或者由劳动争议仲裁委员会通知其参加仲裁活动。

第二十四条 【委托代理】当事人可以委托代理人参加仲裁活动。委托他人参加仲裁活动，应当向劳动争议仲裁委员会提交有委托人签名或者盖章的委托书，委托书应当载明委托事项和权限。

第二十五条 【法定代理和指定代理】丧失或者部分丧失民事行为能力的劳动者，由其法定代理人代为参加仲裁活动；无法定代理人的，由劳动争议仲裁委员会为其指定代理人。劳动者死亡的，由其近亲属或者代理人参加仲裁活动。

第二十六条 【仲裁公开】劳动争议仲裁公开进行，但当事人协议不公开进行或者涉及国家秘密、商业秘密和个人隐私的除外。

第二节 申请和受理

第二十七条 【仲裁时效】劳动争议申请仲裁的时效期间为一年。仲裁时效期间从当事人知道或者应当知道其权利被侵害之日起计算。

前款规定的仲裁时效，因当事人一方向对方当事人主张权利，或者向有关部门请求权利救济，或者对方当事人同意履行义务而中断。从中断时起，仲裁时效期间重新计算。

因不可抗力或者有其他正当理由，当事人不能在本条第一款规定的仲裁时效期间申请仲裁的，仲裁时效中止。从中止时效的原因消除之日起，仲裁时效期间继续计算。

劳动关系存续期间因拖欠劳动报酬发生争议的，劳动者申请仲裁不受本条第一款规定的仲裁时效期间的限制；但是，劳动关系终止的，应当自劳动关系终止之日起一年内提出。

第二十八条　【仲裁申请】申请人申请仲裁应当提交书面仲裁申请，并按照被申请人人数提交副本。

仲裁申请书应当载明下列事项：

（一）劳动者的姓名、性别、年龄、职业、工作单位和住所，用人单位的名称、住所和法定代表人或者主要负责人的姓名、职务；

（二）仲裁请求和所根据的事实、理由；

（三）证据和证据来源、证人姓名和住所。

书写仲裁申请确有困难的，可以口头申请，由劳动争议仲裁委员会记入笔录，并告知对方当事人。

第二十九条　【仲裁申请的受理和不予受理】劳动争议仲裁委员会收到仲裁申请之日起五日内，认为符合受理条件的，应当受理，并通知申请人；认为不符合受理条件的，应当书面通知申请人不予受理，并说明理由。对劳动争议仲裁委员会不予受理或者逾期未作出决定的，申请人可以就该劳动争议事项向人民法院提起诉讼。

第三十条　【仲裁申请送达与仲裁答辩书的提供】劳动争议仲裁委员会受理仲裁申请后，应当在五日内将仲裁申请书副本送达被申请人。

被申请人收到仲裁申请书副本后，应当在十日内向劳动争议仲裁委员会提交答辩书。劳动争议仲裁委员会收到答辩书后，应当在五日内将答辩书副本送达申请人。被申请人未提交答辩书的，不影响仲裁程序的进行。

第三节　开庭和裁决

第三十一条　【仲裁庭组成】劳动争议仲裁委员会裁决劳动争议案件实行仲裁庭制。仲裁庭由三名仲裁员组成,设首席仲裁员。简单劳动争议案件可以由一名仲裁员独任仲裁。

第三十二条　【书面通知仲裁庭组成情况】劳动争议仲裁委员会应当在受理仲裁申请之日起五日内将仲裁庭的组成情况书面通知当事人。

第三十三条　【仲裁员回避】仲裁员有下列情形之一,应当回避,当事人也有权以口头或者书面方式提出回避申请:

(一)是本案当事人或者当事人、代理人的近亲属的;

(二)与本案有利害关系的;

(三)与本案当事人、代理人有其他关系,可能影响公正裁决的;

(四)私自会见当事人、代理人,或者接受当事人、代理人的请客送礼的。

劳动争议仲裁委员会对回避申请应当及时作出决定,并以口头或者书面方式通知当事人。

第三十四条　【仲裁员的法律责任】仲裁员有本法第三十三条第四项规定情形,或者有索贿受贿、徇私舞弊、枉法裁决行为的,应当依法承担法律责任。劳动争议仲裁委员会应当将其解聘。

第三十五条　【开庭通知与延期开庭】仲裁庭应当在开庭五日前,将开庭日期、地点书面通知双方当事人。当事人有正当理由的,可以在开庭三日前请求延期开庭。是否延期,由劳动争议仲裁委员会决定。

第三十六条　【视为撤回仲裁申请和缺席裁决】申请人收到书面通知,无正当理由拒不到庭或者未经仲裁庭同意中途退庭的,可以视为撤回仲裁申请。

被申请人收到书面通知,无正当理由拒不到庭或者未经仲裁庭同意中途退庭的,可以缺席裁决。

第三十七条　【鉴定】仲裁庭对专门性问题认为需要鉴定的,可以交由当事人约定的鉴定机构鉴定;当事人没有约定或者无法达成约定的,由仲裁庭指定的鉴定机构鉴定。

根据当事人的请求或者仲裁庭的要求,鉴定机构应当派鉴定人参加开庭。当事人经仲裁庭许可,可以向鉴定人提问。

第三十八条 【质证、辩论、陈述最后意见】当事人在仲裁过程中有权进行质证和辩论。质证和辩论终结时,首席仲裁员或者独任仲裁员应当征询当事人的最后意见。

第三十九条 【证据及举证责任】当事人提供的证据经查证属实的,仲裁庭应当将其作为认定事实的根据。

劳动者无法提供由用人单位掌握管理的与仲裁请求有关的证据,仲裁庭可以要求用人单位在指定期限内提供。用人单位在指定期限内不提供的,应当承担不利后果。

第四十条 【仲裁庭审笔录】仲裁庭应当将开庭情况记入笔录。当事人和其他仲裁参加人认为对自己陈述的记录有遗漏或者差错的,有权申请补正。如果不予补正,应当记录该申请。

笔录由仲裁员、记录人员、当事人和其他仲裁参加人签名或者盖章。

第四十一条 【当事人自行和解】当事人申请劳动争议仲裁后,可以自行和解。达成和解协议的,可以撤回仲裁申请。

第四十二条 【仲裁庭调解】仲裁庭在作出裁决前,应当先行调解。

调解达成协议的,仲裁庭应当制作调解书。

调解书应当写明仲裁请求和当事人协议的结果。调解书由仲裁员签名,加盖劳动争议仲裁委员会印章,送达双方当事人。调解书经双方当事人签收后,发生法律效力。

调解不成或者调解书送达前,一方当事人反悔的,仲裁庭应当及时作出裁决。

第四十三条 【仲裁审理时限及先行裁决】仲裁庭裁决劳动争议案件,应当自劳动争议仲裁委员会受理仲裁申请之日起四十五日内结束。案情复杂需要延期的,经劳动争议仲裁委员会主任批准,可以延期并书面通知当事人,但是延长期限不得超过十五日。逾期未作出仲裁裁决的,当事人可以就该劳动争议事项向人民法院提起诉讼。

仲裁庭裁决劳动争议案件时,其中一部分事实已经清楚,可以就该部分先行裁决。

第四十四条 【先予执行】仲裁庭对追索劳动报酬、工伤医疗费、经济补偿或者赔偿金的案件，根据当事人的申请，可以裁决先予执行，移送人民法院执行。

仲裁庭裁决先予执行的，应当符合下列条件：

（一）当事人之间权利义务关系明确；

（二）不先予执行将严重影响申请人的生活。

劳动者申请先予执行的，可以不提供担保。

第四十五条 【作出裁决】裁决应当按照多数仲裁员的意见作出，少数仲裁员的不同意见应当记入笔录。仲裁庭不能形成多数意见时，裁决应当按照首席仲裁员的意见作出。

第四十六条 【裁决书】裁决书应当载明仲裁请求、争议事实、裁决理由、裁决结果和裁决日期。裁决书由仲裁员签名，加盖劳动争议仲裁委员会印章。对裁决持不同意见的仲裁员，可以签名，也可以不签名。

第四十七条 【终局裁决】下列劳动争议，除本法另有规定的外，仲裁裁决为终局裁决，裁决书自作出之日起发生法律效力：

（一）追索劳动报酬、工伤医疗费、经济补偿或者赔偿金，不超过当地月最低工资标准十二个月金额的争议；

（二）因执行国家的劳动标准在工作时间、休息休假、社会保险等方面发生的争议。

第四十八条 【劳动者提起诉讼】劳动者对本法第四十七条规定的仲裁裁决不服的，可以自收到仲裁裁决书之日起十五日内向人民法院提起诉讼。

第四十九条 【用人单位申请撤销终局裁决】用人单位有证据证明本法第四十七条规定的仲裁裁决有下列情形之一，可以自收到仲裁裁决书之日起三十日内向劳动争议仲裁委员会所在地的中级人民法院申请撤销裁决：

（一）适用法律、法规确有错误的；

（二）劳动争议仲裁委员会无管辖权的；

（三）违反法定程序的；

（四）裁决所根据的证据是伪造的；

（五）对方当事人隐瞒了足以影响公正裁决的证据的；

（六）仲裁员在仲裁该案时有索贿受贿、徇私舞弊、枉法裁决行为的。

人民法院经组成合议庭审查核实裁决有前款规定情形之一的，应当裁定撤销。

仲裁裁决被人民法院裁定撤销的,当事人可以自收到裁定书之日起十五日内就该劳动争议事项向人民法院提起诉讼。

第五十条　【不服仲裁裁决提起诉讼】当事人对本法第四十七条规定以外的其他劳动争议案件的仲裁裁决不服的,可以自收到仲裁裁决书之日起十五日内向人民法院提起诉讼;期满不起诉的,裁决书发生法律效力。

第五十一条　【生效调解书、裁决书的执行】当事人对发生法律效力的调解书、裁决书,应当依照规定的期限履行。一方当事人逾期不履行的,另一方当事人可以依照民事诉讼法的有关规定向人民法院申请执行。受理申请的人民法院应当依法执行。

第四章　附　　则

第五十二条　【事业单位劳动争议的处理】事业单位实行聘用制的工作人员与本单位发生劳动争议的,依照本法执行;法律、行政法规或者国务院另有规定的,依照其规定。

第五十三条　【仲裁不收费】劳动争议仲裁不收费。劳动争议仲裁委员会的经费由财政予以保障。

第五十四条　【生效时间】本法自2008年5月1日起施行。

社会保险行政争议处理办法

(2001年5月27日劳动和社会保障部令第13号公布)

第一条　为妥善处理社会保险行政争议,维护公民、法人和其他组织的合法权益,保障和监督社会保险经办机构(以下简称经办机构)依法行使职权,根据劳动法、行政复议法及有关法律、行政法规,制定本办法。

第二条 本办法所称的社会保险行政争议，是指经办机构在依照法律、法规及有关规定经办社会保险事务过程中，与公民、法人或者其他组织之间发生的争议。

本办法所称的经办机构，是指法律、法规授权的劳动保障行政部门所属的专门办理养老保险、医疗保险、失业保险、工伤保险、生育保险等社会保险事务的工作机构。

第三条 公民、法人或者其他组织认为经办机构的具体行政行为侵犯其合法权益，向经办机构或者劳动保障行政部门申请社会保险行政争议处理，经办机构或者劳动保障行政部门处理社会保险行政争议适用本办法。

第四条 经办机构和劳动保障行政部门的法制工作机构或者负责法制工作的机构为本单位的社会保险行政争议处理机构（以下简称保险争议处理机构），具体负责社会保险行政争议的处理工作。

第五条 经办机构和劳动保障行政部门分别采用复查和行政复议的方式处理社会保险行政争议。

第六条 有下列情形之一的，公民、法人或者其他组织可以申请行政复议：

（一）认为经办机构未依法为其办理社会保险登记、变更或者注销手续的；

（二）认为经办机构未按规定审核社会保险缴费基数的；

（三）认为经办机构未按规定记录社会保险费缴费情况或者拒绝其查询缴费记录的；

（四）认为经办机构违法收取费用或者违法要求履行义务的；

（五）对经办机构核定其社会保险待遇标准有异议的；

（六）认为经办机构不依法支付其社会保险待遇或者对经办机构停止其享受社会保险待遇有异议的；

（七）认为经办机构未依法为其调整社会保险待遇的；

（八）认为经办机构未依法为其办理社会保险关系转移或者接续手续的；

（九）认为经办机构的其他具体行政行为侵犯其合法权益的。

属于前款第（二）、（五）、（六）、（七）项情形之一的，公民、法人或者其他组织可以直接向劳动保障行政部门申请行政复议，也可以先向作出该具体行政行为的经办机构申请复查，对复查决定不服，再向劳动保障行政部门申请行政复议。

第七条 公民、法人或者其他组织认为经办机构的具体行政行为所依据的除法律、法规、规章和国务院文件以外的其他规范性文件不合法，在对具体行政行为申请行政复议时，可以向劳动保障行政部门一并提出对该规范性文件的审查申请。

第八条 公民、法人或者其他组织对经办机构作出的具体行政行为不服，可以向直接管理该经办机构的劳动保障行政部门申请行政复议。

第九条 申请人认为经办机构的具体行政行为侵犯其合法权益的，可以自知道该具体行政行为之日起60日内向经办机构申请复查或者向劳动保障行政部门申请行政复议。

申请人与经办机构之间发生的属于人民法院受案范围的行政案件，申请人也可以依法直接向人民法院提起行政诉讼。

第十条 经办机构作出具体行政行为时，未告知申请人有权申请行政复议或者行政复议申请期限的；行政复议申请期限从申请人知道行政复议权或者行政复议申请期限之日起计算，但最长不得超过二年。

因不可抗力或者其他正当理由耽误法定申请期限的，申请期限自障碍消除之日起继续计算。

第十一条 申请人向经办机构申请复查或者向劳动保障行政部门申请行政复议，一般应当以书面形式提出，也可以口头提出。口头提出的，接到申请的保险争议处理机构应当当场记录申请人的基本情况、请求事项、主要事实和理由、申请时间等事项，并由申请人签字或者盖章。

劳动保障行政部门的其他工作机构接到以书面形式提出的行政复议申请的，应当立即转送本部门的保险争议处理机构。

第十二条 申请人向作出该具体行政行为的经办机构申请复查的，该经办机构应指定其内部专门机构负责处理，并应当自接到复查申请之日起20日内作出维持或者改变该具体行政行为的复查决定。决定改变的，应当重新作出新的具体行政行为。

经办机构作出的复查决定应当采用书面形式。

第十三条 申请人对经办机构的复查决定不服，或者经办机构逾期未作出复查决定的，申请人可以向直接管理该经办机构的劳动保障行政部门申请行政复议。

申请人在经办机构复查该具体行政行为期间,向劳动保障行政部门申请行政复议的,经办机构的复查程序终止。

第十四条 经办机构复查期间,行政复议的申请期限中止,复查期限不计入行政复议申请期限。

第十五条 劳动保障行政部门的保险争议处理机构接到行政复议申请后,应当注明收到日期,并在5个工作日内进行审查,由劳动保障行政部门按照下列情况分别作出决定:

(一)对符合法定受理条件,但不属于本行政机关受理范围的,应当告知申请人向有关机关提出;

(二)对不符合法定受理条件的,应当作出不予受理决定,并制作行政复议不予受理决定书,送达申请人。该决定书中应当说明不予受理的理由。

除前款规定外,行政复议申请自劳动保障行政部门的保险争议处理机构收到之日起即为受理,并制作行政复议受理通知书,送达申请人和被申请人。该通知中应当告知受理日期。

本条规定的期限,从劳动保障行政部门的保险争议处理机构收到行政复议申请之日起计算;因行政复议申请书的主要内容欠缺致使劳动保障行政部门难以作出决定而要求申请人补正有关材料的,从保险争议处理机构收到补正材料之日起计算。

第十六条 经办机构作出具体行政行为时,没有制作或者没有送达行政文书,申请人不服提起行政复议的,只要能证明具体行政行为存在,劳动保障行政部门应当依法受理。

第十七条 申请人认为劳动保障行政部门无正当理由不受理其行政复议申请的,可以向上级劳动保障行政部门申诉,上级劳动保障行政部门在审查后,作出以下处理决定:

(一)申请人提出的行政复议申请符合法定受理条件的,应当责令下级劳动保障行政部门予以受理;其中申请人不服的具体行政行为是依据劳动保障法律、法规、部门规章、本级以上人民政府制定的规章或者本行政机关制定的规范性文件作出的,或者上级劳动保障行政部门认为有必要直接受理的,可以直接受理;

(二)上级劳动保障行政部门认为下级劳动保障行政部门不予受理行为

确属有正当理由,应当将审查结论告知申请人。

第十八条 劳动保障行政部门的保险争议处理机构对已受理的社会保险行政争议案件,应当自收到申请之日起 7 个工作日内,将申请书副本或者申请笔录复印件和行政复议受理通知书送达被申请人。

第十九条 被申请人应当自接到行政复议申请书副本或者申请笔录复印件之日起 10 日内,提交答辩书,并提交作出该具体行政行为的证据、所依据的法律规范及其他有关材料。

被申请人不提供或者无正当理由逾期提供的,视为该具体行政行为没有证据、依据。

第二十条 申请人可以依法查阅被申请人提出的书面答辩、作出具体行政行为的证据、依据和其他有关材料。

第二十一条 劳动保障行政部门处理社会保险行政争议案件,原则上采用书面审查方式。必要时,可以向有关单位和个人调查了解情况,听取申请人、被申请人和有关人员的意见,并制作笔录。

第二十二条 劳动保障行政部门处理社会保险行政争议案件,以法律、法规、规章和依法制定的其他规范性文件为依据。

第二十三条 劳动保障行政部门在依法向有关部门请示行政复议过程中所遇到的问题应当如何处理期间,行政复议中止。

第二十四条 劳动保障行政部门在审查申请人一并提出的作出具体行政行为所依据的有关规定的合法性时,应当根据具体情况,分别作出以下处理:

(一)该规定是由本行政机关制定的,应当在 30 日内对该规定依法作出处理结论;

(二)该规定是由本行政机关以外的劳动保障行政部门制定的,应当在 7 个工作日内将有关材料直接移送制定该规定的劳动保障行政部门,请其在 60 日内依法作出处理结论,并将处理结论告知移送的劳动保障行政部门;

(三)该规定是由政府及其他工作部门制定的,应当在 7 个工作日内按照法定程序转送有权处理的国家机关依法处理。

审查该规定期间,行政复议中止,劳动保障行政部门应将有关中止情况通知申请人和被申请人。

第二十五条 行政复议中止的情形结束后,劳动保障行政部门应当继续对该具体行政行为进行审查,并将恢复行政复议审查的时间通知申请人和被申请人。

第二十六条 申请人向劳动保障行政部门提出行政复议申请后,在劳动保障行政部门作出处理决定之前,撤回行政复议申请的,经说明理由,劳动保障行政部门可以终止审理,并将有关情况记录在案。

第二十七条 劳动保障行政部门行政复议期间,被申请人变更或者撤销原具体行政行为的,应当书面告知劳动保障行政部门和申请人。劳动保障行政部门可以终止对原具体行政行为的审查,并书面告知申请人和被申请人。

申请人对被申请人变更或者重新作出的具体行政行为不服,向劳动保障行政部门提出行政复议申请的,劳动保障行政部门应当受理。

第二十八条 劳动保障行政部门的保险争议处理机构应当对其组织审理的社会保险行政争议案件提出处理建议,经本行政机关负责人审查同意或者重大案件经本行政机关集体讨论决定后,由本行政机关依法作出行政复议决定。

第二十九条 劳动保障行政部门作出行政复议决定,应当制作行政复议决定书。行政复议决定书应当载明下列事项:

(一)申请人的姓名、性别、年龄、工作单位、住址(法人或者其他组织的名称、地址、法定代表人的姓名、职务);

(二)被申请人的名称、地址、法定代表人的姓名、职务;

(三)申请人的复议请求和理由;

(四)被申请人的答辩意见;

(五)劳动保障行政部门认定的事实、理由,适用的法律、法规、规章和依法制定的其他规范性文件;

(六)复议结论;

(七)申请人不服复议决定向人民法院起诉的期限;

(八)作出复议决定的年、月、日。

行政复议决定书应当加盖本行政机关的印章。

第三十条 经办机构和劳动保障行政部门应当依照民事诉讼法有关送达的规定,将复查决定和行政复议文书送达申请人和被申请人。

第三十一条 申请人对劳动保障行政部门作出的行政复议决定不服的,可以依法向人民法院提起行政诉讼。

第三十二条 经办机构必须执行生效的行政复议决定书。拒不执行或者故意拖延不执行的，由直接主管该经办机构的劳动保障行政部门责令其限期履行，并按照人事管理权限对直接负责的主管人员给予行政处分，或者建议经办机构对有关人员给予行政处分。

第三十三条 经办机构或者劳动保障行政部门审查社会保险行政争议案件，不得向申请人收取任何费用。

行政复议活动所需经费，由本单位的行政经费予以保障。

第三十四条 本办法自发布之日起施行。

六、示 意 图

申请工伤认定操作示意图

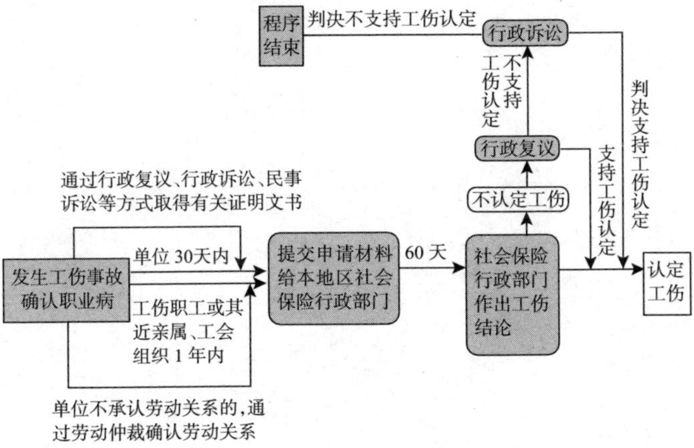

劳动能力鉴定操作示意图

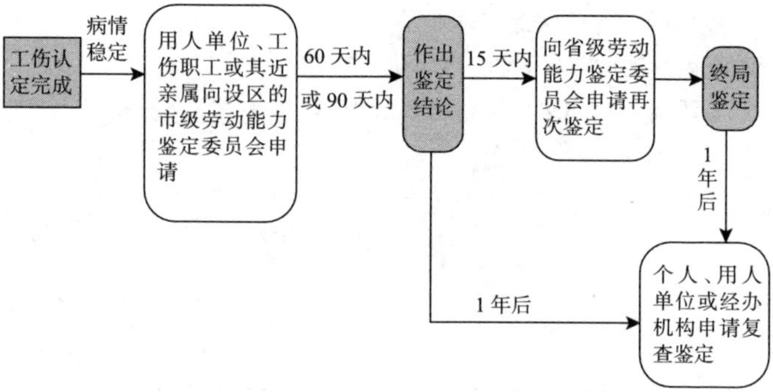

工伤待遇确定操作示意图

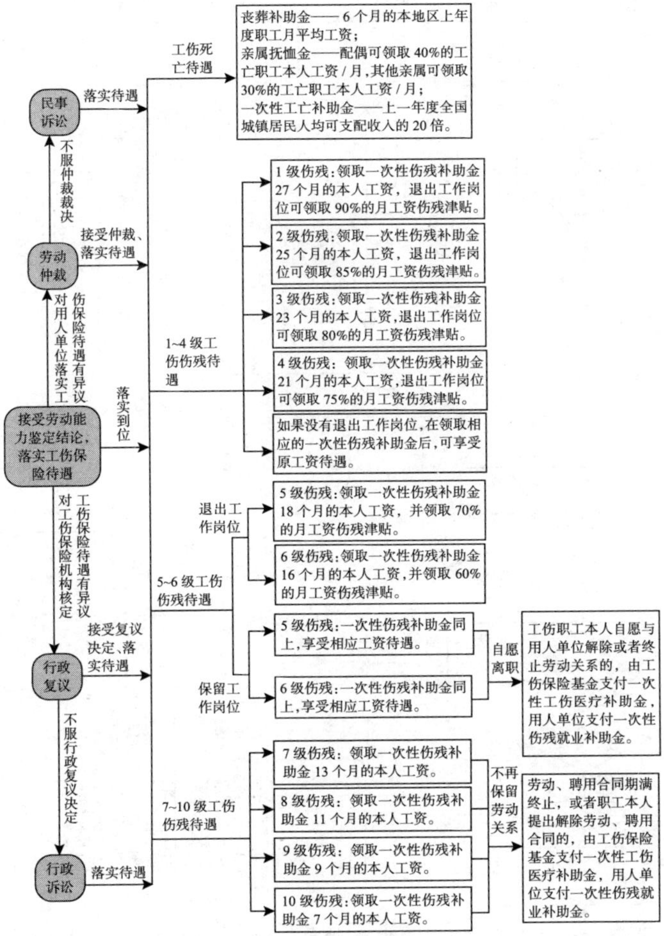

工伤待遇人员核准流程图

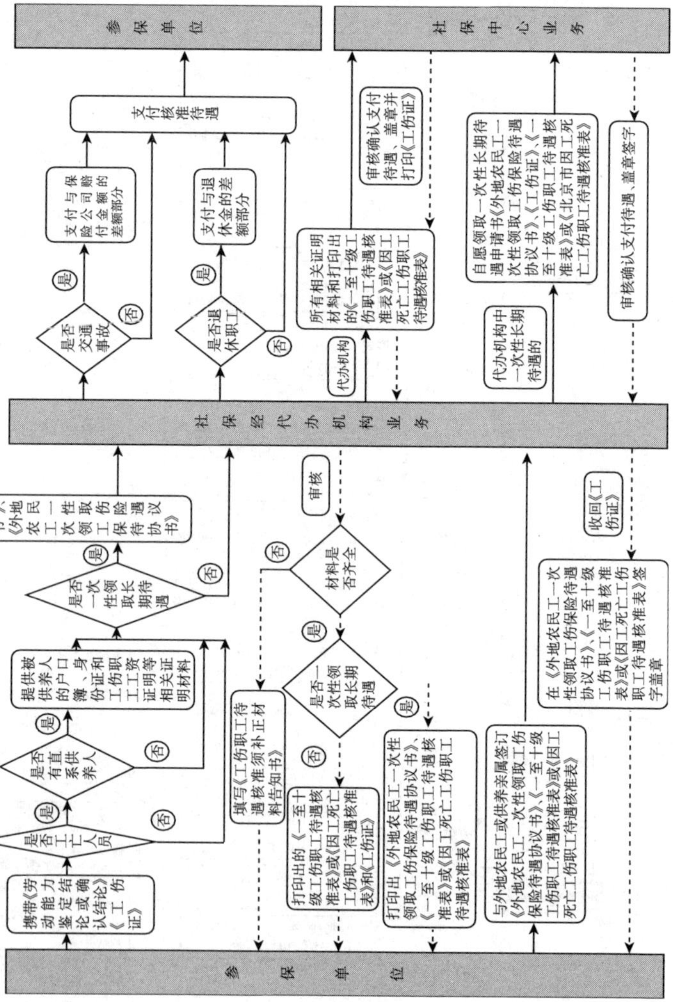